爱的刻意练习

［韩］尹洪均　著

赵维平　译

四川文艺出版社

Contents ———————————————————————————— 目录

Chapter 2

第二章 我是哪种依恋类型

Chapter 3

第三章 爱情缺失的根源和恶性循环

Chapter 4

第四章　摆脱分手综合征

Chapter 5

第五章　稳定依恋所需的条件

序言　稳定的爱是所有幸福的基础

　　我曾经听到"爱"这个词就心跳加速，不是因为兴奋，而是因为害怕。每当有人想要靠近，我总是想着躲开；即使成了恋人，如果对方问我是否爱她，我也不会轻易地给出回答。

　　上小学的时候，我就对所谓"爱的鞭子"心存恐惧。因为忘记带书而被老师用鞭子抽打的经历，至今记忆犹新。老师为了让我"打起精神来"，给了我"爱的鞭子"，真是又痛又丢人。那段时期，小孩们都会在学校里排队挨打。我挨着鞭子，心想："爱真是让人又疼又委屈啊。"

　　此后很长一段时间，爱对我来说一直伴随着复杂的感受。长大成人后，虽然经常感到孤独，但又不喜欢拘束，被人冷落会感到很受伤，被过度关心又感到厌烦。恋爱很难，分手总像初次那般难过，最后必然只有痛苦。"这样又累又烦人，到底图什么呢？"虽然满口怨言，却又不由自主再次陷入新的爱情，然后争吵、分手，如此反复。

　　到了中年会好一些吗？完全不会。爱依然是一个无解的难题。前辈们异口同声地表示应该"爱你的来访者"，可我不知道这到底意味着什么，应该怎么做才能爱我的来访者。我对来访的夫妇说"你们应该相爱"，对方却反问："什么才是爱呢？"我竟无言以对。更何况，我自己也经常冲着最爱的家人大喊大叫。说实话，最难解决的问题，还是爱。

像我这样的状况并非个例。无论是作为普通人还是心理医生，我见过的人所面临的困难，大多是因为爱。被养育者差别对待甚至厌恶；不知道怎么爱自己；被自己相信的人背叛；和相爱的人闹矛盾或分手导致痛苦不堪……这些情况，就算是对于富人阶层或者社会成功人士来说，也没有什么不同，因为未能得到完整的爱而深陷抑郁的人比比皆是。如果深入挖掘他们所经历的各种问题的根源，终究还是因为爱。

我们与父母、子女、恋人、伴侣、朋友、同事之间的重要关系，如同扎根于爱之湖畔的树木。我们生活中遇到的苦恼，有多少问题不是从爱中衍生而来呢？爱是一切问题的根源。

作为精神科医生，执着纠缠于"爱"这一主题，或许也是理所当然的事情。爱的真实面目是什么？怎样做才算爱对了？付出多少爱就能得到多少回报吗？……我一直想要解决这些一辈子都在跟随着我的问题。

在精神医学专业学习和实践的过程中，我很幸运地学到了很多知识。通过学习成瘾、依恋、心理创伤、家庭治疗等知识，我对包括自己在内的所有人的理解提升了一个档次。前辈、老师、来访者、家人、朋友让我领悟很多，在此过程中也出版了《自尊心课程》这本书。

出版第一本书后，反响比预想的要大得多，让我大吃一惊：原来有这么多的人因为自尊心的问题而苦恼。拙作受到大家如此的喜爱，我感到非常高兴，也为自己能够起到一点微小的作用感到欣慰。但是随着时间的流逝，我产生了一种微妙的郁闷和歉意。很多读者读过这本书之后得到了帮助，但也有一些人向我诉苦："我已经很努力了，自尊心却还是没有得到提高。"还有读者在电子邮件中写道："到了这种程度，我是不是已经无药可救了？"我坐在桌前，把这样的邮件读了又读。

过去的四年里，我得出了一个小小的结论：难以摆脱低自尊感的人，或者每天控诉自己人生艰难的人，都有一个共同点，那就是没有得到过，或很少得到过真正的爱和支持。这样的人经常怀疑自己的选择，总是自我动摇，担心"努力了也不成功怎么办"，对自己冷嘲热讽，态度消极。

如果在处理人际关系的过程中受挫，自尊心也会随之下降，产生强烈的不幸感。无论自己如何提升自尊心，一旦爱崩溃了，一切就会瞬间崩溃。因此，自尊心固然重要，但问题的核心还是"爱"。

以上就是这本书的创作初衷。如果说《自尊心课程》是一本讲述"爱自己的方法"的书，那么我觉得有必要写一本书来讲述"如何好好地爱别人"。当然，这里的爱并不只代表恋人之间的爱情，我还想谈一下贯穿于夫妻、家人、朋友、同事、前后辈等所有关系中的爱的原理。想要好好地爱别人，或是从别人那里得到爱，应该怎么做呢？为什么在爱的关系中总是会出现各种问题？和平分手的方法是什么？减少痛苦、安全分手的方法又是什么呢？经历过痛苦的爱情之后，怎样才能健康地开始新的生活？……我想广泛地分析生活中遇到的与爱相关的所有问题。

如今，爱情和结婚的意义已经逐渐缩小，除了爱情，还有很多有趣和重要的东西吸引着我们。虽然我也曾怀疑这是不是一本合时宜的书，但最终我还是确信，它能符合时下的需求。无论一个人得到社会的多少认可、挣多么多的钱、用多好的名牌、如何华丽地装饰自己的身体和房子，如果没有真正得到爱，仍只能感受到空虚，并为此备受折磨。就算社交网络账号上有数千数万名粉丝又怎么样？表面上看着令人羡慕，自己也装作若无其事，骄傲地昂着头，内心却感到无比孤独与落寞，总感觉不足和不安，无法入睡。这样的人，实在太多了。

本书绝不仅仅是意在说明谈恋爱的方法，也不是为了鼓励结婚、育儿而写，而是以让每个人都拥有"稳定的爱"

为出发点而写作的。我认为只要拥有稳定的爱，就能解决很多苦恼，因为我们每天遇到的问题大多源于人与人之间的关系。自己过得好固然重要，但不是只要自己过得好就会幸福。只有人际关系得到妥善解决，生活才会舒畅，才能尽快消除压力。所有幸福的基础都隐藏在"自主追求稳定的爱"里。

当然，不是只要处理好爱，所有事情都会顺利解决，也不会因为读了这本书，心仪之人就会突然出现，原本生疏的关系不会一瞬间好转，分手的恋人也不会奇迹般地回心转意。但是，我希望那些连爱都没爱就直接放弃的人在读完这本书后，能够拥有"我应该也可以做到"的想法；对于已经爱过的人，也希望他们能够进一步拓展爱情，为稳定自己的爱情而增添力量；对于失去爱情或为爱情受苦的人，希望他们能从这本书开始治愈创伤，重拾勇气。

希望通过这本书，让原本令人感到残酷的、奢侈的、困难的爱回归到它本来的意义，并转化为温暖而有力的能量。

尹洪均

第一章

爱需要刻意练习

1. 爱的缺失是诸多烦恼的根源

○ 人的痛苦不安，往往与爱相关

当人们诉说"心好累"的时候，问题多数与爱相关。因为不想去上班而苦恼的人，抱怨独自育儿太辛苦的人，无法控制食欲反复暴饮暴食与催吐的人……他们的问题看似完全不同，实则有一个共同点——爱的缺失。

如果与同事拥有足够的爱的交流，通勤路上就不会那么痛苦；诉说独自育儿的辛苦，无异于在向配偶求助："你的关心和参与太少了，帮帮我"；饮食障碍患者的内心，大多存在着儿时未能得到满足的爱的需求，以及缺爱所带来的空虚感。

不仅仅如此。随着年龄增长而产生的伤感，最终也源于自己成了一个"不再可爱的存在"的失落感；来自贫困的压力，也和"如果一贫如洗、老无所依怎么办"的恐惧密不可分。如果能充分认识到"我足够可爱，无论经历什么事情都会被爱"，就不会有那么多人对减肥药或者整容上瘾了。

近来，患有恐惧症的人数猛增，其背后也隐藏着与爱相关的不安。心悸、气喘、害怕"这样下去可能会死"，是恐惧症的典型症状。这种恐惧中蕴藏着"如果我突然离开人世，我的孩子们该怎么生活"的焦虑，或者"如果得不到任何人的帮助，如此孤独终老怎么办"的焦虑。这种焦虑不仅会加重恐慌症状，还会衍生出新的恐慌。

○ 像学习料理一样，学会去爱

不知道这种说法是否会让你感到一丝安慰——你的情况并非个例。被爱的需求、去爱的渴望，几乎接近本能，是一件极其自然的事情。小时候想要得到父母的爱与认可，于是拼命学习；长大之后成家立业，则期望得到配偶或者子女的尊重与关心。生活中不受他人评价的干扰固然重要，从家人满意的表情中获取能量也并非不成熟的表现。

耄耋老人的爱情也是如此。不要责备他们一把年纪还奢求什么爱情，不管多大年纪，看到心仪的人都会心潮澎湃，出现竞争对手都会心生嫉妒，遭到拒绝也能体会到初次失恋般的绝望与委屈。只要生命还在，人类对爱的渴望就不会减少。永远渴望被爱，爱而不得则心生寂寞，明知会受伤、会吃苦也对爱穷追不舍，这就是人类的宿命。

因此，如果此刻你正在为爱受苦，希望你可以明白"不是只有我才会这样"，从而放宽心。对爱的渴望就像饥饿一样不断造访，却又与饥饿不同，是一个很难解决的问题。爱的世界里没有标准答案，不会因为下定决心便能轻易放手，也不会因为经历丰富而变得熟练。

爱真的很难，每次去爱都是新鲜的体验。有人总是遇到奇怪的对象；有人付出了真心，却屡次收到分手通知；有人嘴上说爱，却又动不动闹别扭。想不通为什么如此不顺，固然令人沮丧，但就算知道了原因，也未必能够轻易找到解决办法。奇怪的是，好像别人都爱得其所，顺利确立了关系，唯独自己备受煎熬，不得解脱。这种灰心和痛苦，最终会导致对人际交往感到厌烦和犹豫不决。经历了这样的过程之后，很多人会怀疑并责备自己："我是不是有什么问题？"

其实，这不是谁对谁错的问题，并非埋怨自己或者对方就能解决。爱的属性本身就很独特，况且在当今的时代环境下，很难学习如何去爱。或许是因为我们忽略了爱的复杂性，不由自主地认为"世界变得方便多了，爱也可以轻松搞定"。

可以肯定的是，如果对爱的属性有了更多的了解，就能比现在更加熟练、更加成熟地应对爱。这个道理就好比刚开始只会做泡菜配白米饭的人，后来深谙料理之道时就可以做出丰盛美味的食物。

对于爱，不能傲慢，却也没有必要轻言放弃。现在，让我们共同了解一下几个值得注意的爱的特征吧。

2. 爱之艰难，原因有三

○ **了解爱的属性**

只要坚持做肌肉运动，身体就会增肌；如果每天练习外语会话，就会在不知不觉中听懂那个国家的语言。人际关系却略有不同。努力和结果不一定成正比，也不一定成反比。我们需要关注，但过度关注却会变成执迷；我们需要信任，但过度信任又会导致忽视对方。

这是因为，关系的属性是中立的。关系的核心，说句不好听的就是"欲擒故纵"，说得委婉一点就是"适当的距离"。令我们倍感困惑的亲密关系的属性，大致可以分为以下三个方面：

1. 矛盾性： 人际关系，尤其是亲密关系，往往会引发矛盾，扰乱内心。所谓矛盾性，就是对于某个对象或某种情况同时存在两种相反的情感。同样的情况、同样的人，也会引发两种极端的感情。例如，既讨厌又喜欢，想亲近又害怕，因爱生恨，等等。这种矛盾性处理起来非常棘手，越是深爱，这种矛盾就出现得越频繁、越严重。

2. 双重性： 亲密关系容易表里不一。明明喜欢却口是心非，或者打着"亲近"的旗号肆意妄为。"我累了，我们分手吧"，这种冷漠的话语中其实包含着"再多爱我一点吧"的诉求。"你为什么要这样指责我？"其中隐藏着被认可的渴望——"我已经尽力了，表扬表扬我吧！""算了，现在我要放弃了"，这句话其实是在说"体谅一下我的心酸吧"。正是因为这种双重性的存在，我们不应该在未知本意的情况下只根据表象做出判断。"强烈的否定意味着强烈的肯定"这句话曾被奉为理所当然的真理，其实是对双重性的误读。正确理解并及时处理亲密关系中所表现出的双重性，是高难度的人际关系技巧。

3. 双向性： 关系不是单向道，而是呈现出双向性。如果给予者和接受者的需求不能很好地衔接，关系往往就会陷入僵局。无论一方付出多少，如果另一方尚未准备好或者拒绝接受，爱就无法实现。单相思之所以如此艰难和悲伤，主要是因为它不具备双向性。另外，哪怕方向是对的，观点不一致也会出现裂痕。

你可能亲身经历过或者目睹过，恋人或者夫妻在争吵过程中大喊着让对方"安静点"，对方的声音反而越来越大。还有，自己明明说着"不要打断我，好好听我说"，却又频频打断对方的话。仔细想想就会发现，对方之所以打断我们的话，很多时候其实都是因为我们打断了对方。双向性导致了彼此交织的因果关系。如果不理解这种关系的双向性，则很容易产生纠纷。

○ 打破爱的"神话"

矛盾性导致了爱的艰难，人们对爱的刻板印象则令其难上加难。例如，爱是"无休止的容忍"，是"有求必应"，是"刺激他，让他成为更优秀的人"，或者是"永远保持温柔"等，这些定义都是对爱的刻板印象。我们是不是高估了爱的伟大？这些根深蒂固的想法对于我们的生活以及亲密关系有着深远的影响。

我们不妨在此盘点一下人们经常会有的错误认知，或难以摒弃的三个具有代表性的"爱的神话"：

1. 爱就一定要无条件信任

在爱的过程中，信任固然很重要，却不是绝对的。如果爱子女，就应该相信子女，但过分的信任却会成为放任。

比如父母对子女说"我相信你自己会做好的,你从小就很稳重",并始终对子女漠不关心,这还能称为爱吗?又比如,得知自己曾经信任的恋人或配偶出轨的事实之后,通常会怀疑以后该信任对方到什么程度,还会感觉自己也变成了坏人,从而陷入困惑。

一直坚信"相信才是爱",结果却惨遭打脸,自然会感到震惊和困惑。可是,爱就一定意味着完全无条件相信吗?

我的回答是:适度的怀疑是必要的。我们不是神,这个世界充满了各种诱惑,爱就必须无条件相信,这样的条令只存在于神的领域。人类是一种变化无常、抗诱惑力弱又充满疑惑的生物。既然反观自己也并非完美,那么所爱之人又怎么会完美无缺呢?我们不能以信任的名义无条件地放任或者压制对方。适当的关注与干预、疑心与嫉妒,都是很有必要的。

2. 爱一个人就要理解对方的所有

很多人会问自己的爱人:"你可以爱我原本的样子吗?"他们认为既然对方爱自己就该全然理解,不论自己做了什么;如果不被理解,就会感到伤心。这种观点听起来似乎挺有道理,因为我们从小听到的论调就是:真爱是无条件的,也是盲目的。

然而,以爱情的名义要求对方理解自己的一切,意味着自己并未真正理解对方。如果认为理解自己的一切才是真爱，那么因为对方不能给予这些而心怀不满，同样不是爱。于是，矛盾就出现了。"爱一个人原本的样子"固然是一种美好的表达，却几乎不可能真正实现。

爱一个人，就应该尽最大努力改正让对方感到痛苦的问题。反之，也要尽最大努力去理解所爱之人的问题。真爱也要看它是不是双向的，是不是尽了全力。单方面地渴望得到理解并不是爱，只是自私罢了。

3. 有了爱就能心灵相通

爱情中的沟通能力十分重要。只有善于沟通，爱情才会通畅；只有相爱，沟通才会顺利。沟通过程中，技术因素多于感情因素。

爱情和沟通能力完全是两回事。没有爱也能很好地沟通，有爱却也可能无法沟通。"夫妻要同心同德""如果相爱，即使不说出口也要明白我的心意"，这样的神话束缚了很多人，而我想对他们说一句："不表达的爱是无法实现的。"前来咨询的夫妇们说得最多的一句话是："非得说出来你才明白吗？"这句话的意思是："就算说了你也不会明白。"但是，说出来都有可能不明白，更何况不说出来呢？因为迷信"心有灵犀"这四个字，很多情侣分手了。其实，缺乏表达的爱是不安全的。

除此之外，我们信奉的神话还有"爱可以克服一切困难""家人必须无条件相爱"等。然而，神话只是神话，并不是现实。

如果恋人没有事先通知就不接电话，或者喝酒晚归，我们难免会忧虑不安；如果恋人有事瞒着我们，我们就会伤心；看到恋人与他人亲近，也自然会生气。不要再说"爱是忍耐"，只有表达出内心的顾虑，提出问题，才是健康的爱情。

虽说家庭以爱为基础，现实中却有无数家庭只剩下了怨恨。相爱需要付出努力，同时，我们也不能被毫无根据的神话所蒙蔽，责怪自己没能做到这一切，甚至刻意地勉强自己去做违心的事情。

○ 爱需要刻意练习

爱是如此棘手的问题，我们的社会却自始至终对其采取双重态度：一方面极力强调"要彼此相爱""爱很重要"，另一方面却又以各种理由压制和隐藏爱。

到二十岁时，我们能背诵不少数学公式，对于爱情却连初级水平也达不到，常常害怕被发现而隐藏感情，制造幻想，压抑自己。"上了大学就可以拥有爱情了"，这样的话是多么不负责任和危险啊。当然，成年之后人人可以谈恋爱。不过，爱情不是那么容易在短时间内就能搞懂，并非到了一定年龄就能自然而然地信手拈来。

即使上了大学，我们也未能学会爱。要想学会爱，需要做什么；如果爱对了人，会有什么好处，为此应该做些什么和怎样去做——没有人告诉过我们这些东西。我们已经学习了十多年就业所需的知识和信息，却没有在任何地方认真学习过生活中最需要的"爱的方法"。

爱情是与感情和心灵打交道的事情，当然需要学习。爱情需要处理情绪的技巧，需要传递心意的技能。与通过代入公式来解答的数学问题不同，爱情会遇到无数没有规律的问题。没有哪种爱情可以随着年龄的增长自然而然地实现。如果被动地幻想着某一天缘分突然出现，炽烈相爱，自然而然变得幸福，那还是尽早清醒吧。

为了学会爱，我们必然需要一段时间的反复学习和训练才能"找到感觉"。直接与间接经验缺一不可。我们应该采取的姿态不是过早放弃、自责或者恐惧，而是通过逐一了解和尝试来提升经验值。

各位可能已经走了不少弯路，形成了各自对于爱情的标准。但是如果到现在还觉得相爱很难，不妨正式学习一下，至少可以提高处理人际关系的能力。爱情不是什么想放弃就能轻易放弃的事情。从现在开始，让我们毫无负担地探索爱情吧。

3. 四种类型的恋爱倾向

○ 人对爱的需求各不相同

众所周知，与他人和谐相处并不容易。

我运营着一家小诊所，感觉最难处理的也是人际关系。与职员的沟通、与来访者的关系处理都不简单。因为每个人的生活背景不同、个性和职业不同，需求必然不同，舒适与否的标准也通常不尽相同。即使用同样的语气回应，也有人感激，有人难受，有人生气。

心理医生和来访者见面，只有短短十分钟，尚且充斥着各种情绪和想法，与爱人的长期相处只会更甚于此吧？即便是说着同一语言的人，内心所想也会有所不同。

多数人在生活中都有自己的价值观。我接触过各种不同职业的人，发现每个职业群体拥有不同的特征模式。根据恋爱中关注的核心是"自我"还是"他人"，更重视"感情"还是"理性"，可以用专业和职业的标准把人群划分为四种类型。

在此需要说明的是，这些命名只是为了方便，并非特别针对这些职业。

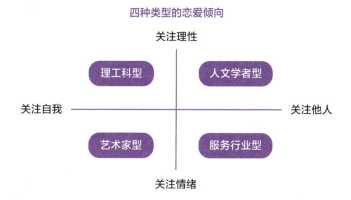

四种类型的恋爱倾向

1. 理工科型：执着于"自我的理性"

他们的脑海中存在着以0和1区分的二进制回路。对于"可能与不可能""行与不行""对与错"的区分尤其明确。他们的优点是明确，缺点是"太"明确。心情好的时候会逐条说明情况，精力不足的时候则倾向于只说结论或者要点，还强迫对方也搞得黑白分明。

和这种人相爱经常会感到窒息，因为"不行就是不行"的大前提已经在他们的头脑中根深蒂固。这种人缺乏灵活性，对方很容易对此感到惆怅。

理工科型的人想要顺利走完错综复杂的爱情历程，有必要熟练掌握"亲切地说明不行的理由""提出对策""协商"等技巧。

2.服务行业型：专注于"他人的情绪"

这种类型的人尤其关注他人对自己的满意度。"满意"这个词深深地烙印在他们的脑中。对他们来说，对方"是否喜欢我"是最重要的。这种类型的优点是待人亲切和善，缺点是情绪容易突然爆发。

与服务行业型的爱情斗争又称为"委屈的战争"。因为这类人会主动给予对方不想要的亲切感，如果对方没有反应，就会突然爆发，或者要求付出与所得成正比。最终他们很可能会听到对方说："我什么时候让你做这些了？""你这样做就是为了把我变成坏人吗？""我都忍你很久了，你为什么这样对待我？"

服务型的人要想真正学会爱，就应该追求自主生活，寻找自己的压力管理方式，不要过度在意他人。他们常常主观地对别人的内心作出臆测，认为"你应该想要这个，你会对那个感到失望的"，而这一切，其实与对方的真实意愿无关。对于这样的思考方式，一定要特别警惕。

3.艺术家型：把"自我的情绪"放在第一

他们关注的是自己，尤其把自己的情绪放在第一位。自己喜欢的东西就是好的，让自己不舒服的东西就是讨厌的。他们总是关注"我现在感受怎么样？""这是我喜欢的吗？""我和别人有什么不同？"他们还会在别人讲话时突然插嘴，并且以"对我来说"作为开场白，因为他们永远觉得自己才是主角。

他们是激情的化身。热情时极其热情，在缺乏动机的事情上却又是彻底的冷淡。好的时候会散发出致命的魅力，不好的时候则呈现出反复无常、不负责任、利己主义的状态。

艺术家型的人要想真正地学会爱，需要掌握"该做的事情就算不愿意也要做""尊重对方的感受"等技巧。

4. 人文学者型：对"他人的理性"很感兴趣

这种类型的人大多从事媒体工作、经济经营、法律与伦理以及历史等相关行业，说得通俗点就是"肚里有墨水型"。他们的脑子里总是充满了"为什么"。"为什么股价会下跌？""为什么贫富差距这么大？"等，他们对世事很感兴趣，总想用理论解释一切。

问题是，如果在人际关系中总是追问"为什么"，对方就会感觉受到指责。他们越是努力分析原因、解决问题，对方就越会感觉不舒服："你做好自己就行了，为什么要改变我？"这种人习惯于没完没了地喊着"为什么"，却以"不知道"作结论，很容易陷入无助。

如果你是人文学者型，就应该学会"区分工作和恋爱""承认有些事情就是毫无原因""放弃对正确答案的执念""重视当下的关系而不是对逻辑追根刨底"。只有做到这些，爱情才会变得更加容易。

○ 人的复杂，让爱情更为不易

就算这样简单地区分为四种类型，人际关系中依然存在许多变数。假如理工科型坚持己见说"我这个周末不能约会！明明已经说过了！"服务行业型就会不满地说"我已经忍无可忍了，你连这个都不能满足我吗？"假如艺术家型捍卫自己的感受，说"你凭什么这样折腾我？"人文学者型就会准备进行分析和讲课："到底从哪里开始错了呢？"

再者，每个人身上都会或多或少混有这四种特征。如果一个人遵守规则时像理工科型一般坚决，待人接物时愿意提供服务，拥有闲暇时化身为艺术家，写日记时又变成人文学者，我们便可称之为真正的成熟。然而，哪里会有人如此十全十美？在预料之外的情形下，问题更容易突显。

所以说，相爱是多么不易啊！一个人生活尚且如此复杂，两人相遇并组队适应这个世界，其实是一个奇迹。如果以跳舞打个比方，就相当于在舞伴、音乐和舞种不断变化的情况下还要很好地配合节奏与节拍。

个人的焦虑、忧郁、自尊等问题，只要关注自身即可。爱情却意味着爱人与被爱，同时也不能放弃自爱，所以要复杂得多。

但是，拥有爱情的人远多于放弃爱情的人，所以人类才能走到今天。我们应当在爱情里寻找希望。既然承认相爱很难，也知道了原因，就应该了解一下爱情的现实意义，逐一制订对策。如果以此为基础去实践，相信你会比以往爱得更轻松。

4. 爱的三个核心因素

○ 爱情到底是什么

现在，让我们正式了解一下爱情吧。爱情到底是什么呢？

爱情的技能与演奏音乐差不多。好听的音乐是节奏、旋律、和声三要素的完美融合。仅凭尖叫不能成为艺术，只有激情的爱也只不过是单方面的感情宣泄，或者一厢情愿的执着而已。要想创作一首优秀的歌曲，会看乐谱是最基本的条件；想要学会爱，就要先了解爱情的构成要素。

对爱情的定义数不胜数。古今中外的爱情故事、哲学理论以及从各自经验中得出的定义，各位可能都听说过几个。相比被特定的定义所束缚，重要的是对各种定义持开放态度。然而，也正是因为人们对爱情众说纷纭，也让人难以适从。

经过长时间的思考和研究，我发现，相爱的模样虽然各异，其中却有三个核心因素是共通的。而且，只有这三者彼此协调时才能称之为爱。它们分别是：珍惜、理解和帮助。在实际的临床与生活中，适用这一概念，能够最贴近现实、最平和地制订爱的目标。现在让我们逐一了解这三个因素，探索爱情的真相吧。

○ 珍惜

珍惜不是把对方捧得高高的，而是爱护对方、与对方站在一边的意思。

要想理解这个意思，可以想象一下宠物狗。当你回家时看到小狗激动地摇着尾巴扑过来，你会有什么想法呢？小狗不会计较主人的外貌、工作、经济能力等，它只是单纯地等待着你、喜欢着你。带着疲惫或沮丧回到家的人都明白这一点。看到小狗热情迎接自己的瞬间，你也许会哽咽着说"幸好还有你"。因为珍惜对方的心是相通的，你得到了从其他人那里没有得到的待遇。

珍惜的心就是这样，珍视和集中于存在本身。如果你想爱一个人，想让你们的爱情长长久久，就应该下定决心珍惜和他在一起的每分每秒。当你看着日渐年老的父母，心里产生了"时间不多了""如果现在不说，可能永远也说不出我爱你"的想法，那一瞬间你便懂得了珍惜。我们总是误以为还有非常多的时间可以陪伴身边的人，待到发现事实并非如此，才后悔莫及。

恋人之间也是如此。最重要的是从珍惜对方的角度出发。身边那个人即使看起来并不完美，他（她）在自己家里也可能是一个备受珍惜和喜爱的孩子。对有的人来说，对方可能是自己珍贵的初恋，或渴望已久的对象。不用想那么远，只要回忆一下第一次爱上对方的瞬间就可以了。长时间相处，很容易忘记这份存在的珍贵而随便对待他（她）。此时不妨想想，如果明天这个人消失了会怎样？这样也许会对你有所帮助。不要忘记，你忽视他（她）的瞬间，可能为其他人创造了一个绝好的机会。

对于那些苦恼着要不要表白的人来说，"珍惜"是非常重要的。无论表达爱的方式变得多么简单轻松，千万不要毫无准备地随便说出口，或开玩笑式地表白。因为这样不仅失礼，还有可能会造成很大的伤害。"试一试，对方接受最好，不行就算了"，这种笨拙的勇气让人感觉不到任何一丝的"珍惜"。对方收到这样的告白，可能会觉得自己被轻视，也可能想："你是觉得我有多容易被追到，才会这样随随便便表白？"这样一来，对表白者的好感肯定会下降。遇到珍惜的人并可以表达心意的机会并不常见，因此建议大家一定尽力认真准备和表达。

○ 理解

各位应该经常听到这样一句话：人际关系中最重要的就是同理心。同理心就是理解并认同别人的情绪——"啊，原来你有这样的感受是有原因的！确实可能这样。"对于委屈的人来说，一句"你真的很委屈吧"比十句忠告更能给人带来安慰和力量。自己的感受得到了理解，就会感到安心。

"理解"是一种强大的力量，其中包含了同理心。在理解的过程中，大脑会使激动的情绪中枢（边缘系统）变得安静，并激活理性中枢（额叶）。于是激动的心情能够平静下来，人与人也能彼此接受。因此，理解是一种宽容，同时也是大脑能够给予他人的最大的爱。

然而，理解并不是自然而然就能实现的。只有充分理解对方的立场和心情，能够换位思考时，才能理解对方。站在自己的立场上思考是人的本能，不过，这个问题并非没办法解决。

理解的程度与信息量成正比。要想了解一个人，只要尽可能多地掌握有关那个人的信息就可以了。为什么那般咄咄逼人、为什么如此反复无常、为什么这样不会表达、为什么会产生那种想法……只要更深入了解了对方的过去和经历，就会明白这些令人费解的部分。相反，如果缺乏对对方的了解，哪怕在小事上也会产生误解和偏见。

我的一个朋友不太喜欢电视人姜虎东，因为姜虎东是大嗓门。朋友是个听觉敏感的人，特别讨厌吵闹。然而，姜虎东曾在某节目中小心翼翼地表示，自己嗓音变大是因为父亲耳背，"为了让父亲听清楚，只能大声喊叫"。得到这个信息的瞬间，朋友理解了姜虎东的大嗓门，讨厌的情绪也平息了一些。这就是理解的力量。

最近有男性参与孕妇体验项目，这种尝试也可以说是努力理解的一部分。把和临产时一样重、大小差不多的孕肚模型挂在男性身上，让男性亲身体验一下孕妇的日常生活是什么感觉，同时也会通过电激法让男性体验孕妇分娩时的阵痛程度。男性感受到想象与现实之间的差距之后，就会更多地理解妻子，意识到妻子的不易，学会多疼爱妻子一点。可以说，在那一瞬间，理解就转化成了爱。

○ 帮助

爱是通过"帮助"这个行动来完成的。我认为这是爱情三要素中最重要的一点。没有给予与帮助的爱，很大程度上只是停留在口头，如同一具空壳。嘴上说着"我爱你"，却只会给对方带来痛苦，这不是真爱。"伤人太深的爱不是爱"，这句歌词并非空穴来风。了解对方的愿望和需要并予以帮助，才是真正的爱。

有人会问："恋人自尊感很低，不论怎么夸奖、怎么劝说，他（她）都改不了。到底怎样才能改变他（她）的想法呢？"我可以理解这种想要提供帮助的心情。不过，提供帮助时最重要的是"角色"。不能忽视自己为恋人提供帮助时，扮演的是什么"角色"。

问这个问题的人肯定想增强恋人的自尊心，想完善双方的关系，会尽力帮助对方。这份心情可以理解，不过假如你忘记了自己的身份，反而会产生副作用。举个例子，有人会像医生一样恳切地给出忠告和处方："我感觉你自尊感很低，所以总是在意他人的视线，拿他人和自己做比较，所以才会变得不幸。不相信任何人的认可和赞扬也是个问题，看到你这样我也很不好受，试着改变一下怎么样？"但是你想想看，医生有什么特点？医生通常是冷静的、有原则的，同时没有幽默感。从医院里幸福微笑着走出来的人有几个？你不应该试图在恋人面前当医生。

自尊感低下的恋人听到这样的建议，会感激地说"谢谢你真心安慰我"吗？别说感谢了，对方肯定会生气，想找个地方躲起来。因为他（她）比任何人都清楚自己的问题，也不想被心爱的人发现，现在恋人却把这些挑明了，要求自己做出改变。如果约会成了矫正和指导的时间，恋人的自尊感就会进一步下降。要知道，如果这么容易就能改变的话，他（她）早就改变了。

教育、矫正和要求改变，这样的事情已经有很多人在为他（她）做了。而作为爱人，你要支持、理解、陪伴在对方身边才符合你的"角色"。如果相爱，就应该拥抱、安慰，了解对方的内心，一起享用美食，共享幸福时光。这才是约会的原始功能和作用。

很多人心存善意却在爱情上遭遇失败，就是因为找错了"帮助"的方向。按照自己的意愿行事，却没有考虑对方的需求，或者没有做足如何帮助他人的练习，就会造成这种后果。在给恋人们咨询的过程中，我经常会听到"除了那一点，他（她）就是一个完美的人"这样的话。事实却是，这一个问题比所有的优点都大。陷入爱河里的人却似乎看不到这一点。

如果不想分手，与其试图改变对方，不如帮助对方，让对方自然而然地改变。不过，提供帮助时不要怀有任何期待，这样才会有效果。从经验上来看，一旦你下定决心要改变对方，结果就会变得很糟糕。这真是一件很神奇的事情。

然而，即便下定决心，帮助也不会立即成功。坚持不懈的练习比想象中更加重要，站在对方的立场上理解对方并给予关怀，才有可能成功。不妨想象一下在咖啡厅点咖啡的情景：有人说"一杯美式咖啡"，有人说"一杯美式咖啡，热的，大杯，在店里喝，请给我马克杯，没有积分卡"，这两个人有多大的不同呢？

帮助是从那些看似微不足道的小事开始的。当我们扮演顾客的角色时，应该照顾向每位顾客都重复提三四个问题的兼职生。我们周围有很多情况都可以用来做练习，比如，我们常常会遇见派送传单的人、负责所有脏活的公寓管理员、快递员、便利店或者餐馆打工的人、过马路可能会遇到危险的孩子、迷路的老人等，何不以尊重的态度和亲切的语气对待他们呢？不是有句话叫作"善良比爱更伟大"吗？当帮助成为一种习惯，无论何时见到谁，都会自然而然地付诸行动。这对于以后遇见的恋人来说，可是一份大礼。

5. 当今时代的爱情趋势

○ 不想结婚，也不想孤独

爱情也会随着时代而变化。我奶奶得了癌症，躺在病床上，一见面就问我吃饭了没有，总是为一日三餐而担忧。虽然我会对此感到些许烦躁，但是对于经历过贫困的奶奶来说，食物是爱的另一种语言，爱一个人就是让他（她）吃饱。

对父亲来说，炸鸡就是爱的表达。不懂情感表达的父亲，每到发工资的日子就会买来一只炸鸡，默默地放进我们两兄弟的房间里。父亲不会说那些让人难为情的话，却以此表达了自己的心意。仅凭这一点，我们似乎就感受到了家族内部流淌的那种凝聚力。那个时代，爱就是这样表达的。

我们每个人都有自己对爱的理解与表达。就像奶奶认为爱是让人吃饱饭，有些人认为爱要用金钱来表达，有些人的爱是忍耐，有些人的爱是放手。而且随着时代的不同，爱的概念与性质也会发生变化。

当今时代爱情的趋势应该是"给予理解"吧。人们不再缺乏食物，却更容易受到悲伤、愤怒或空虚等情绪的影响。相比填饱饥饿的肚子，如今的人们更希望有人明白自己的内心，不被理解时就会感到委屈。恐惧症、抑郁症、愤怒调节障碍、决策障碍等，近来我们熟悉的这些病症，通常都与情绪有关。如今是感情的时代，理解比食物更重要。

○ "相爱就要结婚"的定律已被打破

不仅如此，人们对恋爱和婚姻的意识也发生了很大变化，"相爱就要结婚"的定律也被打破了。之所以把恋爱、爱情和婚姻分开考虑，似乎有以下几个因素：

第一，视角改变了，婚姻不再充满吸引力。在过去，结婚是有好处的：进入社会稳定体系、抚养孩子、购置房子，幸福似乎只存在于婚姻家庭之中。当时的观念是：虽然很累，只要一起努力，就能克服困难。现在呢？无论怎么计算，幸福的可能性都不太大。事实上，结婚还会带来更多的不便和压力。不仅要放弃事业或梦想，而且买房子和抚养孩子的费用也是一笔很大的负担。因此，结婚率和生育率的降低是现代年轻人合理选择的自然结果。如今很多女性都会同意：女性因结婚而需要承受和失去的，比得到的要多得多。对她们来说，婚姻不再是梦想中的浪漫。我认为，这种现象的产生不是因为爱的缺失，而是因为"爱的勇气"的缺失。我们的社会夺走了恋爱的想法和结婚的勇气。

第二，自媒体生产出的刺激性内容也是让人们打消恋爱念头的原因之一。用广告和赞助包装出来的华丽约会、普通人做梦都不敢想的大手笔礼物和求婚仪式、用奢侈品装饰的房子等，把我们的现实映照得过于寒酸。这一切会让人暗地里感叹"恋爱也要有钱才行"，怀疑自己是否有资格恋爱，甚至让人自暴自弃，根本不想谈恋爱。特别是对于现在二三十岁的所谓"千禧一代"来说，恋爱和结婚已经成了他们可望而不可求的奢侈。面对韩国史上最严重的就业难、不断上涨的房价，连公平站在起点上的机会都被剥夺，谁还敢说"爱情是美好的，婚姻是充满希望的未来"呢？

第三，科技和文化似乎让我们变得更加独立，一个人生活也不会感到有什么缺失。独自吃饭不再是孤独的象征，单人家庭的数量占据家庭总数的近40%。这种变化从侧面反映了人们不一定非要谈恋爱结婚的想法。今后，独自生活的人群比例将比现在增长得更快。

○ 疫情让我更加确信，人类不能独自生活

然而，这并不意味着爱的价值发生了变化。虽然因为轻松自由而选择独自生活的人有所增加，却也有越来越多的人感到孤独，因孤独、恐惧前来咨询的人也有所增加。很多年轻人一边说着自己喜欢一个人，一边不断怀疑"我是不是应该这么做"。

最近，越来越多的人开始重视自己的感情，坚决拒绝给自己带来不便的请求或要求，不再在意他人的目光。简而言之，就是忠实于欲望，以自我主体的方式生活。这种说法很正确。与以前相比，很多人想要摆脱看别人眼色行事的态度，采取更为自主的姿态。"对方不读我的留言？那我也取消关注。""上司居然还要我做那些事情？我要辞职。"总之，现在的人变得"酷"了起来。当然，对于普通上班族、服务行业、兼职生等所谓的"乙方"来说，"酷"是不切实际的。但面对不正当的压力、暴力和歧视，在社会中发声是必要的，这显然是一种积极的趋势。

我们此处关注的重点是私人的人际关系，尤其是"不怕断绝关系"的想法。当然会有那种需要断绝的痛苦关系，不过假如对于亲密关系也同样毫不犹豫地经常轻易断绝，情况就不同了。断绝过多次关系的人应该会懂得这个道理：关系易断难续。斩断关系的时候内心或许很舒畅，却有可

能留下意想不到的后遗症。

独自一人时的孤独、寂寞，严重的忧郁感和挫折感，是两个人在一起时所承受的压力和困难所难以比拟的。"这样生活到底对不对？""我为什么需要活着？"与存在论相关的虚无感会侵袭而来。也就是说，如果盲目断绝关系，可能会遭遇无法承受的痛苦。

人们经常想要独处，但这种念头不会持续太久。如果对人际关系感到厌烦苦恼，最好摆脱繁杂的日常，让自己一个人休息，短则几天，长则几个月。在那段时间之后，就要和喜欢的人见面、聊天、接触、沟通，以此确认自己还活着。即使不需要广泛的人际关系，也会需要和少数人保持密切的联系，彼此交流，在愉快的气氛中说说笑笑、吐槽诉苦、排解烦恼。如果根本没有这种倾听者，"一个人挺好"这句话就会变得可怕，不再那么适用。

新冠肺炎的流行使许多人感到忧郁，这就是"疫情抑郁症"。病毒扩散的最初几个月，疫情减少了不必要的见面，从过度包装的关系中去掉泡沫，减少了日常生活的混乱，让生活得到整顿，变得安稳，这对于人际关系反而起到了积极作用。然而，疫情持续一年之后，彼此分开的家人难以相聚，也不能和朋友们尽情相处。也就是说，"不能陪伴"的痛苦渐渐显露了出来。这等于是说"活着的乐趣"消失了。

这次疫情使我更加确信，人类不能独自生活。一个人待着虽然也可以呼吸，却已失去了生命的意义，情绪疲惫，心灵无处安放，真真正正活着的感觉大幅度减弱。一个人内心再怎么强大，也会有所动摇。可以分享爱意的日常关系，就是如此弥足珍贵。

爱，有时也会停止。但是，抛开爱的生活、拒绝爱的生活、回避爱的生活，与幸福和安定相去甚远，人的身体或心理必定会留下缺憾。

在新冠疫情导致生活半径变窄的当下，我们才明白人与人之间的自然接触、亲密对话和日常沟通多么珍贵。我想这是新冠疫情送给我们的一份意外礼物。我们的日常生活、人际关系、人与人之间细微的关心和分享都是非常珍贵的爱。如果有一天这份爱消失了，我们的生活也将不复存在。

○ 我们内心始终存在"爱的本能"

总之，人不会因为任何理由而放弃爱。可以暂时代替爱的东西很多，但真正能满足我们感情需求的根本因素，却存在于爱之中。独自一人会感到不安、害怕，渴望有人陪伴，原因出乎意料地简单——因为人类还保留着过集体生活的本能。维持了数万年采集、狩猎和共同生活习惯的人类基因，今天仍然在有效地运作着。"和别人在一起才安全"的想法铭刻在我们的潜意识里，左右着我们的生活，"聚众才会安心"的社会本能也不会轻易消失。如果感觉与他人的联系被切断了，就会产生生命被威胁的恐惧心理。时代变了，人类渴望通过爱与他人联系的本能却依然很强烈。

我们可以在短时间里忽略爱，独自好好生活。然而从长远来看，只有接触各种不同的人，得到认可和喜爱，才能产生幸福感和安全感。这种本能是不会改变的。我们渴望爱就如渴望食物，就算一时有饱腹感，过了几个小时又会想要吃东西。不管怎么说，人最终只能活在爱与被爱之中。

我们正处于巨大的变化之中。有时感觉独自一人颇为逍遥自在，有时却也会想要被联系和被爱，这种矛盾的情绪让我们陷入困惑。人变得自由而孤独。爱的缺失将日益成为一个大问题。

6. 培养至关重要的"爱情力"

○ 爱是生命中一切力量的根源

我想在这本书中讲一讲"爱情力"。"爱情力"是我自创的词，虽然词典中没有这个词，但很容易就能猜到，是指能够相爱的能力，是在人际关系中融入爱情的力量。爱情力之所以重要，是因为一个人的人生会因它而发生很大变化，自尊心也会在很大程度上受到爱情力的影响。

爱情的力量远比想象的要强大。大家可能都有过这样的经历：恋爱时通宵打电话，天一亮又见面约会。如此不知疲惫，就是爱情的力量。假如你问那些挺过人生难关的人"你是怎么挺过来的？"答案多半与爱有关。有人会说是因为心爱的家人才能坚持下去，也有人会说是因为做着热爱的工作所以不知疲惫。因为在充满爱情力的时候，大脑会启动多巴胺系统，分泌快感和自然镇痛物质。防止墨守成规的最佳燃料就是爱情力。世间一切的怦然心动和新鲜事物，全都源于爱。

喜欢面包才能成为面包师，喜欢咖啡才能成为咖啡师，喜欢新事物的人才会发明新技术，盖房子的人只有非常重视入住的人，才能安全施工。这些都是爱的力量。

爱情力之所以重要，是因为爱就是产生欲望的原动力。爱是活下去的理由，也是力量的根源。虽然这句话很老套，但是想要每一天过得有意义，首先要从热爱自己的人生开始。如果连自己的人生都不珍惜，又怎能守护自我呢？如果只把人生当作被迫忍受的苦行，当然不会有任何价值感与幸福感。

爱情力不仅可以制造恋人之间甜蜜的幸福，也是尊重和关怀的基础、激发潜能的催化剂，具有放松心灵、唤起热情的功能。

○ 爱情力投注在哪里，收获就在哪里

爱情力投在哪里、倾注多少，决定着成功与否和生活质量的高低。如果投向金钱，就会追求金钱；如果投向酒精，就会过上成瘾的生活；如果投向困难的邻居，就会过上慈善奉献的生活；把爱情投到多个恋爱对象，会成为花花公子；投到工作上，会成为工作狂；投到旅行中，会成为旅行家。这一切都取决于你投入多少爱情力。适当地倾注没有问题，过分地倾注到某一方面则可能超出负荷。

爱就是对一个人的关注和专注，所以与爱人的关系会影响整个人生。一个人不论多么富有或者知名，夫妻吵架的日子心里也不会舒坦。一辈子埋头工作并取得成功的企业家们，据说在弥留之际也会后悔没有经常陪伴心爱的人。爱不到想爱的人，必然会导致后悔和痛苦。

○ 爱情力构筑了自尊与成长

自尊心也是爱情力的产物。自爱的人懂得爱他人，被爱的人也会爱自己，最终得到他人更多的爱。可以说，这是一个良性循环。

被爱的经历可以累积成为自尊心的坚实基础。有的父母会问："如何提升孩子的自尊？"这个问题的答案只有"付出爱"。不过，父母要培养"付出爱"的能力，学会正确地爱孩子，否则，不恰当的爱反而会产生副作用。

有的人可能会对"培养爱的力量"这种说法反感。"爱也要学吗？""我要随心所欲地去爱！""光我一个人改变有什么用？"……产生这些反感心理，也是理所当然的。

即使如此，也没有必要否定心中蠢蠢欲动的爱的欲望。想要投入所爱的事物，想要寻找生命的意义，想要克服逆境并健康成长——每个人心中都蕴藏着这样的热情。学会爱，意味着对世界和他人的理解更宽广，这是能够提高自己和他人自尊感的事情。懂爱的人生，就是成熟的人生。

○ 爱情力维系着家庭与社会

如今我们更需要爱情力，因为当下已经不再是血缘关系支配的社会。非夫妻关系或血缘关系而建立的新式家庭和新式关系逐渐多了起来。和朋友或同事住在一个房子里，志同道合的人组建一个圈子，甚至没有面对面的接触，在网上也可以建立关系。这是一种全新的、跨越独立空间和共享空间的"独立而共同"的形态。

在这种情况下，爱情力更为重要。彼此没有血缘关系的人建立的关系，其方式必然与现有的家庭关系有所不同。不管遇到谁，只要我们拥有健康的爱情力，就等于是穿上了攀登险恶世界悬崖峭壁的装备。

○ 此刻就开始刻意练习

如果你还没有遇到另一半，那就要抓紧点了。"独占"是爱情的属性之一。经常有人诉说关于爱情的烦恼："那些优秀的人都已经有另一半了！"这句话说得很对。优秀的人会先被眼尖和有爱情力的人挑走。聪明热情的人绝对不会错过眼前出现的最合适的那个人。如果犹豫、迟疑的话，就算喜欢上某个人，也可能已经没有选择的机会了。

抓住今天吧。在你犹豫不决的时间里，你中意的人可能已经在努力赢得另一个人的心了。另外，可能还会有一个和你真正合得来的人正在寻找你。希望大家不再推迟或者中断对爱的追寻。

我们对一个人做出判断并付诸行动的时间，似乎变得越来越快。对于新认识的人是长时间留在身边还是排除掉，能够很快地做出判断，而不会付出时间成本，耐心等待或观望。所以我们要在短时间内证明自己是什么样的人。这时具备爱情力的人就会成为有魅力的人，别人会想把他们留在身边，因为他们是一种坚实的存在。即使他们自己没有特地想要吸引人，周围的人也会聚集起来。

不管是恋人还是朋友，人生中需要一起成长、交流感情的人不是你想要的时候就会出现的。当心仪的那个人来到身边，要努力让他（她）成为自己的恋人，这也是我们不能拖延的原因。

从现在开始，让我们了解一下培养爱情力需要什么，以及我们在建立关系时会遇到怎样的困难。

给那些说自己"没有资本去爱"的人

在聊到爱情的时候，经常会听到有人发牢骚说："了解这些又有什么用？"有些人会反驳："如果有财有貌，爱情就会不请自来，还需要什么爱情力？"

这种想法令人痛心。持有这种想法的人多数对自己的外貌没什么信心，或者不曾赚过什么钱。而已经拥有这一切的人会明白，并不是具备了这些条件就能毫不费力地得到爱情。拥有出众的外貌和经济实力，确实在一定程度上有帮助，但希望大家记住，很多富豪和漂亮的演员，其爱情与人生也不是那么一帆风顺。

就算这种说法是对的，那我们怎样才能变得美丽而富有呢？爱，也是一个必要条件。

我们都知道护肤、减肥、运动可以让人变美，却并非每个人都能做到。为什么呢？为了获得良好的条件（外貌、金钱、名誉等），爱情也是一种必需的动力。当你爱一个人，想要在他（她）面前好好表现、想要和他（她）一起分享好东西，才会真正产生动力。甚至有些人类学家还会从爱情中寻找早期人类开始直立行走的原因：为了给家人带来更多的食物，必须用到双手，所以人类的祖先才会忍着剧痛挺直了腰板。想要实现积极的改变，爱是必不可少的。

　　千万不要以"现在没有资本"为借口而放弃爱情。爱情就像游泳一样，学着学着就会了，游着游着就擅长了。即使你天生并非出类拔萃，只要不断学习并进行练习，就会变成一个更有魅力的人。爱情绝对是生活中最值得投资的东西。

Chapter 2

第二章

我是哪种依恋类型

1. 依恋与爱的关系

○ 关系的变化能够改变世界

我喜欢企业家兼烹饪研究专家白钟元。多亏了白钟元，我这辈子第一次做出像样的料理：找菜谱，做生拌菜，煮鱼饼汤，还和孩子们一起做了电饭锅蛋糕。对于不喜欢烹饪的我来说，这是一个巨大的改变。其他料理节目里当然也有很多专家，可是他们准备的酱料不仅名字陌生，使用的计量器和工具也都是高档餐厅级别。看起来很厉害，像我这样的人却根本不想模仿。

白钟元却不同。"任何人都可以用常见的素材做出美味的料理"，这句话打动了我。受此影响的应该不只我一人。翻开他的畅销菜谱，即使一直远离厨房的人也能拥有烹饪的能力。我想很少有人能如此大范围地改变公众的想法和行为吧。

白钟元改变了人与烹饪的关系，实在令人敬佩。他让人们认识到，烹饪是一件简单而有趣的事情，任何人都可以做到。这一点非常了不起。他让大众对烹饪产生信心，提高了大众对料理的关注度，甚至改变了我们的饮食文化。

专家的作用不就是这样吗？让别人也关心自己关心的事情，帮助每一个有兴趣的人做得更好。如果这件事能够有益于生活，为生活带来快乐，那就再好不过了。

希望这本书也能起到这样的作用，成为各位读者关注人际关系、消除对爱情的排斥感和不适感的契机。希望本书能提高大家的爱情力，帮大家建立稳定的依恋关系。如果各位能够过得比现在更快乐、更舒心，我就别无他求了。

○ 稳定的依恋，稳定的生活

这里需要注意一个心理学术语：依恋。依恋是这本书中经常出现的一个词，非常重要。

"依恋"是指亲密的人之间形成的情感关系，也可以说是小时候在亲子关系中形成并长期维持的一种人际关系框架。"依恋"与"印记（imprinting）理论"有很多相似之处。该理论认为，小鸭子出生后会把看到的第一个对象当成养育者，并将终身跟随。虽然人类不是鸭子，但已形成的关系模式也会长久保存，并广泛适用于其他关系，这就是依恋理论的重点。

举个例子：婴儿饿了会哭，尿布湿了会闹腾。面对婴儿的这种反应，养育者有时会做出不恰当的反应。当孩子反复发出"帮帮我"的信号时，有的父母却漠不关心，或者长期表现出不愉快的情绪，只有孩子极度痛苦时才会予以关照。有的养育者还会对孩子说："如果没有你，我早就离家出走了。""你怎么没有一处让人满意的地方？"

如果这样的事情反复发生，孩子的内心就会形成以下想法："这个世上只有我一个人，无依无靠！""即使稍微不舒服，也要大声哭闹才能活下来！""看来是我做错了什么，下次要忍住才能不挨训！"

依恋之所以重要，是因为这一时期形成的世界观将会跟随孩子一辈子。孩子一旦开始不信任世界，就不再容易信任他人；一旦养成了自我指责的习惯，在没有任何根据的情况下，也会首先责怪自己。因为对待自己和世界的态度已经成了"核心信念"。最终，他们的人际关系会极不稳定，用专业术语来讲就是"拥有不稳定的依恋模式"。

反之，假如父母在孩子饥饿之前提供食物，尿布湿了马上替换，孩子遇到这样的养育者，就会慢慢信任这个世界。即使略有不适，也会认为"迟早会解决的"；如果期待得到了满足，就会养成安心等待的习惯。这个孩子长大后，很大概率会成为敢于挑战新目标的人，因为他们内心从容，富有安全感。再者，每次挑战不管成败与否都会得到支持和鼓励，也会产生优质的成就感。即使失败了，也会积极地看待尝试本身，勇敢地一步一步迈向更大的世界。以上就是积极依恋关系的例子。

依恋与爱情力不可分割，因此有必要正确认识它。

○ 四种依恋类型

根据一个人对世界与自我的认识和态度，依恋模式主要分为以下四大类：

	对自己积极	对自己消极
对他人积极	稳定型依恋	焦虑型不稳定依恋
对他人消极	回避型不稳定依恋	混乱型不稳定依恋

从这张表中可以看出，如果一个人对自己和他人都有积极的态度，这种依恋类型称为"稳定型依恋"。这样的人自尊心强，对世界的信任度高，爱情力也比较完善，可以说已经具备了爱与被爱的良好基础。

反之，如果一个人对自己或他人持否定态度，则归类为"不稳定依恋"。"不稳定依恋"又可以分为三种类型：第一种是对他人积极但对自己消极的"焦虑型不稳定依

恋"，第二种是对自己积极但对他人消极的"回避型不稳定
依恋"，第三种是对自己或他人都消极的"混乱型不稳定
依恋"。

心理学用"不稳定依恋"来解释爱的力量不足，因为消
极的观点会妨碍健康关系的建立。

假设你在拥挤的街道上撞到了一个陌生人的肩膀，焦
虑型不稳定依恋的人会自责："都怪我有点魂不守舍啊。"回
避型不稳定依恋的人则会向对方发脾气："你没长眼睛啊？"
混乱型不稳定依恋的人向对方发脾气之后，会反思自己的
心胸狭窄，却又觉得自己从早晨就开始倒霉，开始埋怨他
人，陷入恶性循环。

不稳定依恋类型的人有以上这样的反应，那么稳定型
依恋类型的人呢？他们不会把这件事放在心上太久。他们
会认为人多路窄，这种事情在忙碌的现代生活中是不可避
免的。他们会说一句"对不起，你还好吧？"但这种道歉不
是自我贬低，只是以礼貌的行为表示尊重对方，同时又保
持了自己的尊严。

○ 依恋模式可以改变

童年形成什么样的依恋模式，在一个人的生命中至关

重要。近来，很多父母已经具备了一些育儿知识，知道依恋关系的重要性，所以会担心能不能在孩子成长过程中和他建立良好的依恋关系。特别是自己与父母关系不好的养育者，会更加担忧这个问题："我和父母关系不佳，会不会给孩子带来不好的影响呢？"

我想告诉这些父母：其实不用太担心。依恋关系固然重要，却不是终生不变的。根据生活中遇到的人、经历的事，依恋模式也会相应地发生变化。

如果不稳定型依恋的人经常遇到稳定型依恋的人，就会变成稳定型，反之亦然。因此，即便当初与父母关系不稳定的人也不必灰心，更不需要一辈子埋怨父母。因为根据自己的意志可以进行充分的改变。人类与鸭子不同，具备学习能力。给自己找一个好的榜样并接受其影响，每个人都可以改变自己的依恋模式。榜样不一定需要是身边真实存在的人物，也可以是书籍、电影主角或者其他人物，只要是能让我们改变的对象就行。

○ 获得稳定型依恋的方法

把不稳定依恋类型转变成稳定型的过程，换个说法就是成为一个从容成熟的人的改变过程。稳定型依恋的人能够对自己进行积极的暗示，懂得站在他人的立场上看待自己，不会不尊重他人。

因此，稳定型依恋的人也会有很好的爱情力。好的爱情力，不意味着盲目的忍耐与坚持。他们会亲近喜欢的人，远离讨厌的人。他们当然会有痛恨或讨厌的人，也会发脾气，却不会故意树敌，也不会过度自责。

获得稳定型依恋的过程与获得健康体魄的过程很像。要想获得健康的体魄，首先要戒掉对身体不好的习惯或者食物。同样，要转变为稳定型依恋，首先要与不稳定依恋的人尽量保持距离。如果自己有那样的一面，就应该尽力抹去，如同排出体内堆积的毒素。

为了与不稳定型依恋断绝关系，有必要好好了解一下不稳定型依恋。只有了解什么食物对身体有害，才能避免食用；只有明白什么是不稳定型依恋，才能避免或改正。只不过，不稳定依恋型人的外表和内心可能完全不同，所以我们会同时审视这两方面。从现在开始，各位读者如果一边阅读我的说明，一边检查自己是否有以下表现，一定会有所收获。

2. 不稳定依恋的代表特征

○ 童年经历没有绝对的影响力

从现在开始，我们来看一看不稳定依恋模式，即爱情力较弱的人的特点。首先，我想叮嘱大家两件事：

第一件事是，不要因为自己的依恋类型有问题，就断定一定是父母的养育方式造成的。虽然童年的经历很重要，却不能把所有问题都归咎于养育者。因为在成长过程中，除了父母和其他养育者，还有很多情况或压力会对我们产生作用。另外，不管养育者平时对孩子有多好，孩子也会因为意外而受到或大或小的影响。就连孩子自己上厕所的时候，也可能会强烈地感受到养育者短时间的缺席，从而铭记在心。上厕所当然没有错，也不可避免。因此，没有人知道哪个时刻会如何对孩子产生影响。即使养育者尽了最大努力，孩子也有可能会在莫名其妙的时刻出现依恋问题。

因此，一味责怪养育者不仅是错误的，还会引发更大矛盾，导致无法挽回的结果。即使父母在养育过程中存在问题，也不该抱怨"这是你们制造的问题"去要求他们改正。而且他们改正的可能性也非常渺茫。如果父母真能轻易解决子女的依恋问题，也就不会有现在这样的麻烦。

事实上，父母自己可能也是受害者。父母未能正确地给予爱，这意味着父母自己也没有建立起稳定的依恋类型。自己的依恋类型不稳定，怎么解决孩子的依恋问题呢？这种委屈的心情可以理解，同时也要接受父母无法治愈自身问题的事实。换句话说，不能在没有解决对策的地方浪费时间，而应该去寻找现实的方法。你可以把目光投向更广阔的世界，请求和接受各种帮助。这本书也会是解决问题的方法之一。

对于成年人来说，如果把所有责任都推给父母，只停留在过去，自己的过错其实更大。依恋模式是可以改变的，通过阅读、演讲、咨询、艺术活动、学习、旅行等方式，都可以让自己成长，为自己变得成熟而不懈努力才是可取的行为。

第二件事是，为了方便起见，我会将不同的人称为"某某型"，以区分依恋类型。但是，不要因为自己接近某一类型，就只用该类型的特征来定义自己。

我们身体里面有无数的自我。每个人的需求、感情、生活态度全都混杂在一起，所以一个人会有很多想法。也就是说，A 型也会混杂着 B 型、C 型、D 型、E 型、F 型。

虽然我会根据其中活动最旺盛的因素而把人划分为不同的类型，但这种分类并不是绝对的，希望大家不要把自己的类型定义为特定的一种。另外，即使是接近某种类型，也可以灵活地解释，比如："现在想来，我也曾有过这种感受。这就是他如此辛苦的原因。"

依恋类型是根据一个人在人际关系中的主要反应来划分的。世界上有各种各样的人，对于同样的事情，他们的反应也各不相同。

举个例子：如果走在路上遇到一条盘绕在路中央的大蛇，你会有什么反应呢？任何人在路上遇到大蛇都会慌张，但不同类型的人反应却各不相同。

◯ 回避型的反应

遇到了蛇，有些人会比较淡然地说："哎哟，今天在路上看到蛇了！"有些人则给这件事情赋予了很大的意义，他们可能会说："外面果然很危险！""到处乱跑不适合我！"还会下定决心以后尽量减少外出。这种信念也适用于人际关系。这类人讨厌人际关系中的任何小摩擦和差异，对小事畏首畏尾，会尽量避免和别人产生关系。因此，只要一有时间，他们就会躲进属于自己的房子（洞穴）里。

出现这种反应的依恋类型称为"回避型不稳定依恋"。不过，他们不可能一辈子待在家里。他们虽然害怕，却也得为了生存而进行生产活动。他们会放弃与他人频繁交流的方式，只在自己认为安全的范围内进行最基本的生产活动，遇到陌生人时会尽量保持距离。他们的生存战略就是"保持距离""自我保护"。

○ 焦虑型的反应

这一次，我们假设在自家院子里遇到了这条蛇。有些人会跺着脚大喊大叫，表现出严重的恐惧反应。这种感受如此强烈，从此他们时时刻刻都会害怕蛇的出现，对自己居住的房子也失去了信任。他们没有自信独自应付蛇，又担心蛇会再次出现，在这种恐惧中无法独自生活，于是努力从家里逃离，并四处寻找能够帮助自己的人。

如果他们表现过激的话，反而会在外面摔倒或被人撞伤，受到的打击比遇到蛇更加严重；想要安静地回家，却又担心无法独处。这种反应被称为"焦虑型不稳定依恋"。

焦虑型的人建立人际关系时是怎样的呢？因为他们不相信自己（家），所以没有自信，却也不会放弃，会以一种向别人求助的姿态挣扎着活下去。因为无法独自生活，他们的依赖性会变强，会确认有没有人在想着自己。随着依赖的成功或失败，他们的情绪状态也不断地起起伏伏。

回避型的人十分冷漠，会躲进洞穴，断绝沟通，沉浸在只属于自己的时间里；焦虑型的人则会不断试图与人交流，互相干涉，焦虑往往会成为一种习惯。

有的人没有信心独处，会在分手后立刻重新找一个恋人，无缝衔接。有的人已经开始恋爱，却不相信自己的判断，会不知所措地询问对方"我们真的在交往了吗？"有的人因为不相信自己能坚持，会提前打消念头："反正我也走不到最后，还是就此放弃吧！"这些都是焦虑型不稳定依恋的表现，这一类型的人对自己的不信任，会影响到各种人际关系。

○ 混乱型的反应

混乱型不稳定依恋的人不相信自己，也不相信别人。他们觉得路上会遇到蛇，家里也会遇到蛇，世界上任何一个地方都是不安全的。一个人在家，会觉得无法保护自己而感到不安；有人喊他们出门，他们又担心自己被他人看穿，因对方无视或不理睬自己而感到不安。因此，他们既害怕独自待在家里，也害怕出门，甚至害怕每一个遇到的人。

正如前文所展示的那样，混乱型不稳定依恋的人对自己和他人均持否定态度。我们通常看到这个类型的人自命不凡、故作强势、假装幸福。比如假装相处融洽的"表面夫妻"，故意夸耀自己的成就或财产来掩饰自卑的人，都在无意识中构建虚假的自我，故作姿态地维持着人际关系。

对这类人来说，是否被人欺骗，是人生中的头等大事。这样的人生不可能一帆风顺。他们无法在家安心独处，也无法出门与人真诚沟通。一个人待着会孤独，和别人在一起又厌烦不安。无论别人为他做什么，他都不会满足，也不懂得感恩。他们会让自己和别人都疲惫不堪。

他们不相信自己，也不相信别人，所以不会完全依靠别人。因此，很多人会依赖其他的东西，比如用酒精或碳水化合物抚慰空虚，借助浓咖啡因饮料寻找活力。有人还会通过疯狂消费或者购买新产品带给自己心跳和心动的感觉，当他们说出"机器不会说谎，也不会背叛我"的心声时，脸上的苦涩表情令人印象深刻。孤独会让他们觉得不舒服，从而追求刺激，看到这样的自己又会感到愧疚。某个求而不得的人在他们心里留下了爱的空缺，这种空缺并不是轻易就能填补的。

○ 稳定型依恋有何不同

那么，健康的稳定型依恋又是什么样呢？假如这一类人也遇到了蛇，他们首先会了解情况，再考虑可行的对策。首先他们会与蛇保持适当的距离，然后平静地观察，看看蛇是否会攻击自己、是否有毒，并且观察周围，寻找可以防御的武器。无论是在家里还是在路上遇到蛇，他们都不会过于情绪化，而是会了解情况，寻找解决方法。他们不会看到蛇就魂飞魄散，而是会说："啊，最近天气有点暖和，蛇都出来了呀。"他们会平静地等待蛇自己走开，如果判断自己能抓住它，就尝试抓住它；如果觉得确实有危险，还会叫邻居来帮忙。也就是说，是等待还是逃跑并不重要，重要的是了解自己的状态和问题所在，选择最安全的方式来应对。

稳定型依恋的人同样会害怕蛇，不同的是，他们不会被这种情绪所困扰，而会集中精力制订对策。他们还会建造围栏或设置指示牌通知邻居，因为他们知道，只有邻居安全了，自己才会安全。不仅如此，即使遇到蛇，他们也不会立刻弄死它。他们知道蛇只是自己偶然遇到的生命，所以不会对它做残忍的事，也不会心生恶意。因为他们记得一个事实：愤怒和憎恨并不会改变任何事情。

如果将整个与蛇相遇的过程与人际关系进行类比，就很容易理解各种依恋类型的差异。稳定型依恋的人也是人，生活中也会和别人产生矛盾。不过，他们的心底隐藏着对他人基本的尊重。他们不会因为他人与自己不同而武断地厌恶或无视对方，不会强迫自己去做力不能及的事情，也不会随意去冒风险。他们懂得该放弃的时候就放弃，专注于更喜欢的人，灵活地延续缘分。他们不会过于要求完美，会有一定的适度和灵活性。因为他们知道自己的不完美，所以也会宽容他人，欣赏他人的不同。

你和什么依恋类型比较接近？稳定型、回避型还是焦虑型？如果都不是，那是混乱型吗？如果还不清楚，也没关系。

到目前为止，我们从大的框架学习了依恋的重要性和稳定 / 不稳定型依恋。接下来，让我们更加深入地探讨一下各种不稳定型依恋的特点。

3. 不稳定依恋 1：回避型

○ 产生回避的过程

有个朋友从青春期就开始谈恋爱，当时我们还是高中生，他很快就成了我们羡慕的对象。因为比起学习成绩好，有女朋友是一件更值得骄傲的事情。我们只要聚在一起，就会缠着他讲恋爱的故事。不过，最先谈恋爱的那位朋友，分手也是最快的。听说这家伙和女朋友分手的那天，我们都咯咯笑着说："分得好！"朋友不服输，狮子一般大吼："我的人生本来就是我一个人的！你们这些人我也全都不需要！"

那家伙很长时间一直备受"恋爱恐惧症"的折磨，发誓再也不会喜欢任何人。其他朋友开始恋爱时，他还会当面泼冷水："你觉得你们会永远在一起吗？恋爱只是一时的，等着瞧吧！"简直像看破了红尘。后来想想，那个朋友的冷笑，也许就是在以另一种方式表达初恋分手后的痛苦。那位朋友是我们这群人中结婚最晚的，恋爱过程也并不顺利，这难道只是巧合吗?

不管是谁,一旦经历了不好的事情,就会对与之相关的一切心生恐惧。我上小学的时候去海水浴场玩,被冲到了大海深处,虽然只是短暂的一小会儿,我还是陷入了"就要这样死去了"的恐惧之中。之后的几年里我一直不敢靠近水,甚至上了初中后也不敢用淋浴花洒洗头,因为我害怕水从头顶洒下来时无法呼吸的那种感觉。

就像这样,糟糕的经历会自然而然地导致回避。在爱情中受过伤害的人,会害怕付出爱。因此,他们觉得简单的"暧昧"或者做个朋友也许还算容易,却不太愿意发展为特别的、共享私生活的关系。即使走得很近,也会在对方不知不觉时慢慢疏远,或者在关键时刻用力推开对方。这种类型的人平时显得高冷,很认生,所以经常被人说眼光高。他们经常在内心呼喊:"我害怕爱了又受到伤害!"

还有少数人并没有受过特别的伤害,却依然形成了回避的性格。他们内心存在与人接触的欲望,却因为害怕被对方拒绝而不敢接近。大部分情况是,这些人天生性格如此,而且有过被排挤或羞辱的经历。他们总是处于紧张的状态,既不能潇洒地走自己的路,也没有勇气去接触他人,常常担心"对方要是讨厌我怎么办"。就像我们接下来要详细介绍的那些焦虑型依恋的人一样,回避型依恋的人情绪很不稳定,行为上又拒绝了很多人,逃回了属于自己的城堡。在这种情况下，他们虽然没有经历过令人心痛的离别，却也没有挑战人际关系的勇气，因此需要相当长的时间才有可能形成稳定的依恋关系。

○ 因为痛，所以远离

事实上，"回避"是一种自我防御机制。当我们受到伤害或产生伤痛时，这种机制就会本能地启动。就好比身体如果受过伤，我们便会自然而然地避免再次受伤，只不过这是心灵上的创伤。回避能够通过重复得以加强。假如与某人接近后受到了巨大伤害，或者反复被亲近的人留下心理创伤，便会导致防御机制逐渐加强。

例如，每天看着父母吵架长大的人，会产生"我绝对不会结婚"的想法；看着因育儿问题而哭丧着脸的前辈，会产生"生孩子只会受苦，不能生孩子"的想法。这些都是生存谋略中的回避之策。

"回避"也是影视剧中的常见题材。比如网漫《柔美的细胞小将》中柔美的第一任男朋友具雄、《冷静与热情之间》的男主角俊世，都是典型的回避型依恋。他们不轻易表现自己的内心世界，总是把"随便""怎样都行"挂在嘴边，没有什么特别的情绪变化，也没有什么特别喜欢的人。这种人看起来很神秘，对身旁的人极具吸引力，真正接近之后却会觉得只摸到了他们的外壳，令人感到不踏实。这便是被爱伤害过的回避型依恋的典型特征。

这些人虽然对世界和他人并不信任，对自己的信任却保存得比较完整，所以，独自一人比经常与他人交流更舒服。他们追求孤独的宁静和自由，胜过热闹的场合。

他们心里有一种坚定的信念："爱得深才会痛，保持距离就没事。"因此，他们会尽量与人保持距离。不过，这并不意味着他们不想与其他人亲近，或没有交往的欲望。这种类型的人如果一个人待久了，感到厌倦时就会偷偷探出脑袋主动接近其他人，也会变得很容易亲近。然而，如果关系稍微变得尴尬，或者发现对方的心意发生了改变，他们又会迅速躲到属于自己的洞穴里，大部分时间独自一人，不再打开心门。

爱上这样的人，分手之后会很难过。他们并不是坏人，却只给予适当的神秘感便抽身离开，令人无法彻底放弃，却也痛恨不起来。留下的那个人还想继续加深了解，却找不到确切的分手理由，难免感到身心俱疲。

回避型的人也会主动认识到问题所在，然后去看心理医生，不过大多数都是因为周围人的劝告才勉为其难。因此，他们不愿对医生敞开心扉，导致咨询无法顺利进行。很多人不深入主题，只说些肤浅的故事就逃跑，还有些人会因为不喜欢医生的关注，谎称"都已经好了"，然后突然消失。这些人在职场中，很大概率会成为"Yes Man"或"承受超额工作量的组长"，因为他们希望最大限度地避免在组织中产生矛盾或需要说服别人的情况。

○ 回避型与"一根筋"的区别

俗话中"一根筋"的人与"回避型依恋"的倾向相似，却也存在明显的区别。前者在专业术语中称为"分裂样人格障碍"（schizoid personality disorder）。他们从小便没有与他人建立亲密关系的欲望，即便独自一人也不会感到特别孤独，所以感受不到与他人见面的必要性。

回避型的人在青春期也可以平静度过，很少生气，父母对他们的评价是"我的孩子很温顺""是一个不会制造麻烦的好孩子"。然而，他们长大之后却出了问题，因为这种性格会让恋人或伴侣感到非常孤独。这种人太久没有感到孤独或被孤立的痛苦，所以无法理解对方的情绪，也找不到关怀对方或者在关系中努力的理由。与这种人一起生活相当辛苦。如果找了这种类型的配偶，一方感觉不到任何问题，另一方却要一辈子与无法弥补的匮乏感做斗争。

○ 回避型人的防御机制：冷笑

有回避倾向的人主要使用"冷笑"作为防御机制来保护自己的内心。也就是说，心情好、不安或者生气的时候，都会用伴随着冷笑的言语和行动来掩饰，用"做过又怎么样"或者"做了也没用"来找回冷静。偶尔见到喜欢的人，即使心跳加速，心里也会认为"终究是要分手的人，浪费感情做什么"，努力找回平常心。与某人产生矛盾时，不会想着积极解决，而是试图回避："非得逐一说明吗？""我不知道有没有这样做的必要。"和恋人之间出现问题会经常沉默不语，发生口角则会以肤浅的道歉来逃避："不管怎么说，我都说了对不起你了呀！"这种行为是恐惧的表现，对方却会觉得被无视，自尊心受到伤害。

这种类型的人表面看似冷酷、高冷，内心深处却十分渴望被爱。只不过，他们忙于隐藏自己总是隐隐作痛的伤口，无暇顾及对方的感受。

回避型人因为没有或很少从他人那里得到稳定支持，所以决定不做消耗性的试探，回避了人际关系本身。但这并不是说他们不敏感，反而，正因为他们对他人的行动或话语非常敏感，为了不让人觉得讨厌，不愿意做任何牵涉到感情纠缠的事情。因此，他们中的大多数人会经常被评价为对他人漠不关心、自私自利。

另一方面，他们虽然平时看起来像一只文静的小猫，但为了回避内心的困扰，也会冲动地做一些傻事。比如，明明看起来好端端的，却突然做出一些越轨行为，很容易陷入外遇或赌博等状况中无法自拔；他们会看不起那些把恋爱和婚姻放在生活中优先位置的人；他们还会指责那些重视人际关系的人，从而引发矛盾。

回避倾向的背后往往隐藏着被害意识，也有很多案例显示他们确实是受害者。因为过去的痛苦记忆而感到难过，害怕想起那些记忆而躲避起来，这种心情虽然可以理解，但是冷笑这种防御机制会挫伤自己的欲望和热情，对方也会跟着泄气，可谓伤人伤己。

回避型人常用的表达和隐藏的意思	
常用表达	隐藏的意思
· 我喜欢一个人待着。 · 我想我是个不适合爱情的人。	我怕我又会受伤。
· 我本来就这样。	如果努力了也没有改变，你会更失望。 所以不要抱太多期待，爱现在的我吧。
· 没有人能理解我的心。 · 我也不认识自己，谁又能了解我呢？	我太累了，没有时间去了解你。
· 因为我是女人/我是男人， 　这么做也是理所当然的。	无缘无故的主张可能会引发纷争， 所以还是忍忍吧。
· 你非得这么说吗？ · 说出来又会有什么不同？	与其表达后出错，不如趁早放弃吧！

○ 战胜回避的方法：尽可能详细地说明

回避倾向比想象中更加坚固，短时间内是难以消除的。另外，对于当事人来说，回避倾向是一种想尽办法摆脱伤痛的行为，如果强行改变，有可能会陷入更深的孤立之中。

不过，这种问题并非没有解决办法。如果觉得自己有回避倾向，就应该下定决心"从现在开始，无论什么事情都要尽可能详细地进行说明"。一言以蔽之，"回避"就是不敢直面胜负的逃避行为。因此，哪怕只是表达出这种心情，就能引发改变。

这种方法看似简单，实际做起来却需要很大的勇气，因为内心的潜意识会强烈阻止当事人想要说出口的意向。因此，如果出现"说了又有什么用""一解释就会变成吵架或让对方讨厌""被抛弃了怎么办"等想法，就应该不断地说服自己："即使现在不被理解，也要告诉对方，这才是应有的礼仪。"

此外，还应该努力有意识地表达自己的感受：为什么不喜欢谈话，想要避开什么，想知道什么和想要什么。也就是说，不要闭嘴不言，独自做出结论之后逃跑。即使知道自己不习惯解释，经常说得冗长而前后矛盾，也要一点一点地去尝试。虽然这种做法并不能解决所有问题，至少可以避免由于不作任何说明而产生的误会和郁闷。如果真的不知道怎么解释，可以说一句"我也不知道自己为什么这样，现在想一个人待着"，这是对对方最起码的礼貌。

如果你现在的爱人有很强的回避倾向，该怎么办呢？如果你处于正在纠结是否交往的阶段，就要认真考虑一下自己是否能够忍受对方的这种倾向。回避是一种长久的习惯，是一种生存技能，如果你随意指责或者试图改变对方，很容易吃亏。一旦越线，对方可能会变得咄咄逼人，也非常擅长断绝关系。因此，你应该问一下自己是否具备不被伤害的淡然和毅力，去接受一个喜欢独来独往、对他人的关心感到恐惧的人。此外，你还要好好考虑能否承受对方带给你的孤独感。

那些直觉很强、喜欢立即做出反应和确认的人，或者常常下定了决心要改变对方的人，通常都与回避型的人格格不入。喜欢独处的回避型人往往非常自律，假如你在旁边指手画脚，反倒会显得多余。假如夫妻俩都是回避型依恋，吵架之后很可能几个月不说话，对彼此视而不见。

回避型人的爱情像平行线一样保持距离，像水和油一样不愿混合。想要和他们亲近，与其冒险，倒不如忍受琐碎、安静和无聊的生活。如果性格火暴的人遇到回避型，可能会心急如焚。

○ 回避型人的生存方式：工作狂

回避型依恋的代表性行为是工作狂。他们喜欢独处，内心孤独，却又不能始终这样生活。他们对世界的信心较弱，对生产活动和成功的欲望却又保持得比较完整，因此很多时候都会选择疯狂工作来回避人际交往。

韩国文化，特别是教育制度，在助长和强化回避型依恋上也起到了一定的坏作用。我们从小就经常听到这样的教导："不要理会其他同学！""只要上了大学，约你的人会排起长队！"这些话传达了家长希望孩子不要过于在意人际关系的想法，是一种巨大的压迫。通过这种方式，一个人自然而然产生的情感与能量便会转化到学习和工作上。

这一切的逻辑起点看起来似乎很正常。一个人想要生活幸福，就要在自己喜欢的环境中做自己想做的事情，但这一切需要金钱支撑。要想赚钱，就得去薪资高的公司，而且要有高学历。最终，我们的儿童游乐园变得空空荡荡。当今社会，补习班里挤满了不到七岁的孩子。

这种长期积累下来的潜意识，随着年龄的增长而更加强化。然而，只要上了"内卷列车"，就很难脱身。一不小心，你就会永远成为失败者；你会认为如果自己再坚持跑一会儿，就会得到一个特别的奖励。工作狂就是这样长期处于学习的过程中，始终不能从高考、名牌大学、就业、成功这辆循环列车上走下去。

○ 到工作中去，到工作中去

回避型的人会选择工作，从而远离那个复杂而充满激情的世界。他们逃到工作这个避难所，是因为他们带着一种信念，相信工作永远不会背叛他们。

可能会有人反驳说："有多少人会因为喜欢工作而上瘾呢？只有工作才能维持生计，所以不得不这样做罢了。"不过，认为工作比人际关系和爱情更容易的人出乎意料的多。工作与学习的性质相似：重复再重复，就会变得熟悉；如果做得好，有人会为你鼓掌，也会得到适当的奖励。"只要足够努力，好结果就会随之而来"，这种信念会成为现实。在"学习高于一切"的环境中长大的人，更容易养成"工作比其他任何事情都重要"的态度。

和这样的人谈恋爱，无论恋人如何抱怨自己的孤独，当事人也不知道问题出在哪里。要么责怪对方"我活得这么努力，你非但不为我加油，居然还在抱怨什么孤独"，要么感到委屈："难道我做得还不够好吗？"这是一种以工作为替代物的童年模式的重复，即，只要学习，不用交朋友、不用玩耍、不用为他人着想，也能顺利通过人生的考验。

○ 为了幸福 vs 为了不那么不幸

有人还会这样反驳："我真的很喜欢这份工作，工作时的收获和成就感比什么都大！这也叫回避？"这种说法没错。并非所有把爱情放到一边、埋头工作的人都是回避型工作狂。只有真正喜欢工作的人才会在工作过程中真心感到幸福，工作结束后带着满足的心情下班，工作中能够获得能量，并将从中获得的充实感分享给爱的人。如果你沉浸在自己喜欢的工作中，感觉很幸福，并且对周围的人也很体贴，就算被称作"工作狂"，那么你也不属于回避型。

回避型的人是这样的：他们不是因为喜欢而工作，所以会在工作中感到痛苦和厌倦，很快就会疲惫不堪。这种人是为了避免一些麻烦的事情，才找到了相对不那么麻烦的事情去做，而且别无他法。

工作成瘾的原因有很多种，可能是因为对于成就感或者想被认可的欲求过高，也可能是因为不懂得如何拒绝，或者因为对失业的过度焦虑。理由多种多样，但最终对爱情的阻碍却是相同的。

即使一个人对工作足够满足，如果情绪上、心理上的空白得不到填补，从长远来看也很危险。工作无法代替人类的基本需求，无法带来表达情感、获得共鸣与安慰，以及身体接触等所带来的本能满足感。因此，当工作出了问题，生活的支柱消失，回避型人就会遭受意想不到的重大打击，感到迷茫难安。

○ 人不是只为工作而生

就算当今世界再怎么要求我们忙碌地生活，假如出现了想要把爱情抛在脑后或干脆放弃的念头，我们就应该认识到，有些事情出了问题。

这里所说的爱情，不一定局限于恋人或夫妻之间，对宠物倾注感情或培育植物也是一种爱。或者，至少应该能够无微不至地爱护、照顾自己，或者投入到其他为你带来幸福的事物中去。虽然劳动是神圣的，但劳动并非人生的全部。

我们首先应该记住一点：过度工作对健康有害。喜欢自己的工作、努力工作是一件好事，不过如果过度工作，达到了对健康和人际关系产生损害的程度，肯定是哪里出了问题。如果自己都忙得不可开交了，又怎么会去关心别人的感受呢？

更何况，现在是"百岁时代"，一个人就算退休了，还能再活几十年。即使一生都在工作，工作也不能保障我们的晚年。我们应该明白，努力工作与幸福生活并不一定成正比，千万不要陷入"比任何人都努力生活"的自我安慰的陷阱。在工作和生活的同时，我们需要留下与人交流的能量。把所有的精力全部投入工作中，难道不感到可惜吗？

且看婴儿潮那一代人。他们是勤劳和诚实的象征，却有太多人把爱情和幸福推迟到了退休以后，最后落得晚年凄凉。结婚三四十年，彼此没有好好沟通，只知道埋头工作，丝毫不了解配偶的喜好，甚至不知道对方的病痛，就这样迎来了老年期。他们挣到了足够的钱，想要体验一把悠闲的生活，却突然身患重病或遭遇晚年离婚，难道还有比这更空虚和寂寞的事情吗？

爱情不是什么宏图伟业，如果实在抽不出时间，就在吃完午饭回家的路上打一个电话、发一条短信，或者在百忙之中尽量抽出时间见个面，多笑一笑，多给对方一些温暖的表情吧。与工作、公司、上司相比，我们的爱更加珍贵。

擅长人际关系的"抢手男人",
居然是回避型?

Q：了解了回避型依恋之后，感觉跟我以前见过的一个男生很像。我希望建立一种关系，可以真诚地见面，互相抚慰对方的心，他却无法忍受这种感觉。他虽然看起来十分亲切，也善解人意，可到了真正交往的时候，却不知为什么总会给人一种只有一具躯壳的感觉，渐渐地我就感觉疲惫了。让我疑惑的是，他并不是一个孤独的人，也不是一个胆小的人，更不是工作狂，工作起来适可而止，关注自我成长，兴趣活动也多种多样，每次同窗聚会都很有人气，也有很多愿意追随他的弟弟妹妹。我觉得可能是自己太没有魅力了。不过，真的有这种豁达的回避型依恋吗？

A：虽然无法得知提问者遇见的是一个什么样的人，但回避型依恋并不都是沉默或冷漠之人。依恋是根据人际关系的框架来划分的，与个人的能量水平无关。有风度、幽默、热心于交际活动，这都很不错，不过这和依恋的框架是两码事。有些人认为自己是一个优秀的人，却把世界看作不可信任的对象。这种人在浮于表面的社会生活中可以做得很好，却很难向亲密交往的对象敞开心扉。

回避型依恋的行为多种多样，不只有工作狂一种。总是反对别人的意见，认为自己"与众不同"；对邻居十分热情，回家却对配偶沉默不语；平时对恋人漠不关心，对方提出分手之后突然开始纠缠，再次开始交往却又转身逃跑；只有喝点酒才会说出心里话，约会总在酒桌上结束，等等——这些都是由于不愿与身边的人亲密接触所造成的。

如果和你分手的那个人有回避的倾向，提问者应该会感到很孤独，十分渴望互相沟通吧。"他到底为什么那样做？他为什么要分手？"即使时间流逝，这种谜团依然存在。虽然很不容易，还是希望这段经历能够成为你下一段爱情中能用到的宝贵财富。

4. 不稳定依恋 2：焦虑型

○ 你乘坐的飞机迫降了

我看过一部有趣的电影叫《远山恋人》，讲述的是一对男女乘坐小型飞机在白雪覆盖的山区飞行，途中遭遇山顶迫降的故事。在电影中，这种情况必然会引发矛盾。女人要求下山寻找民宿，男人则吃着剩余的粮食坚持要求在山上等待救援。

故事情节看似老套，其中却蕴含着一个重要的提示。依恋问题也像飞机故障一样，始于因爱而引发的"事故"。无论是恋人之间的争吵，还是家人之间的不和，抑或是和朋友的争吵，都类似于爱情里的"事故"。就像电影中分为"离开派"和"等待派"一样，爱情一旦遇到挑战，就会分为"回避派"和"焦虑派"。我们之前已经学习过"回避派"，现在来了解一下与之相对的"焦虑派"。这些人还保留着对世界的信任，对自己的信任却已经破裂了。

可能有人会问，回避型依恋和焦虑型依恋哪个更好呢？遗憾的是，两种都不太好。这个问题与飞机迫降时所面临的情境相似。"应该继续留在原地，还是选择下山呢？"答案是"视情况而定"。还有多少食物、地形特征如何、有没有办法发出求救信号、天气如何等，这些都是左右判断的依据。尽快接受所发生的状况，逐一解决问题的态度才是最重要的。后悔"为什么偏偏乘坐那架飞机"，荒唐地指责"都怪同行的人运气不好才会坠落"，或者否认飞机坠落的现实，情况都不会发生任何改变。

○ 在爱情中低到尘埃里的人

有些人在爱情面前会变得无限渺小。家境、学历、职场、性格、外貌等，无一不令旁人羡慕，但奇怪的是，只要一谈恋爱，日常生活的平衡就会遭到破坏。"对方现在是否已经厌倦了我呢？""对方一定对我很失望吧？"这种人在爱情中把自己放得太低，本应享受爱情，却总为这些问题而苦恼。

这是焦虑型依恋的典型表现。关系越近，爱得越深，就越是坐立不安。为了控制情绪，回避型的人会主张"冷静"与"保持距离"，变得冷漠刻薄，焦虑型的人则表现为神情紧张、语气急促、不断联系对方等。担心对方离去，留下自己孤身一人，这是不信任自己的表现。

这种人凡事习惯自责，却又没有明确的原因。他们身边应该不乏那种毫不遮掩地指责"是你的错"或者持续贬低他们的人。焦虑型的人自尊心不足，正是因为一直处于容易引发自责的环境之中吧。

这种人刚开始恋爱就会想象着离别的瞬间，从而胆战心惊，害怕被对方抛弃。即使在幸福的时刻，也会想象对方离开的瞬间，惴惴不安。情况严重时，还会导致失眠，频繁联系对方，产生嫉妒与怀疑的心理。他们看着这样的自己，又会再次自责："我没有什么魅力，性格也不好，却又如此固执，对方不可能爱我。"

这种人丝毫享受不到圆满的幸福。遇到不喜欢的人会因为不喜欢而不高兴，遇到喜欢的人又因为担心让对方失望而感到焦虑。

讽刺的是，这种焦虑往往会成为成功的原动力。有人因为担心得不到父母的爱而努力学习，有人为了不被排挤而发挥社交能力，有人为了不被他人讨厌而做出更多让步。在别人看来，他们似乎过得很好，可他们本人却一直焦头烂额。他们从小就以悲观和不安为燃料生活，因此很难摆脱焦虑。

○ 经济环境影响着我们的情绪

这些人为何变得如此焦虑呢？最容易找到的原因便是童年所经历的家庭不和。无论是20世纪90年代末的亚洲金融危机，还是2008年的次贷危机，都对人们的情绪产生了巨大的影响，也改变了许多人的生活。

父母的错误行为、恶劣的生活环境、家人失散等，往往会对成长期的孩子造成情绪上的打击。父母突然破产，动不动就吵架，目睹过父母精神崩溃或者突然与父母离别的孩子，成年之后也会因为分离而不安。

这样的孩子遇到不好的事情，首先会开始自责："是因为我不好，父母才会吵架。""可能是养育我花了太多钱才导致家庭贫穷吧。"儿童的大脑发育尚且不成熟，常常过于夸大自己对世界的影响力，于是造成了这样的后果。

所以，如果夫妻吵架或者家庭环境发生变化，父母应该给子女一个具体的解释。如果认为孩子不懂，于是藏着掖着，父母装作若无其事，孩子也会装作若无其事，其实孩子心里一清二楚。此外，孩子会逐渐坚定自己的想法，认为自己是事情的起因。此时，孩子对自己的负面偏见就开始产生了。这样的孩子，成年之后很容易把自己看成是弱势群体。

事实上，对成年人来说，独来独往并非只有消极的一面。虽然没有人照顾，却也可以享受自由，集中精力做自己想做的事情。孤独就像是剧烈运动之后的肌肉酸痛，虽然有点不舒服，身体也会变得虚弱，却会随着时间流逝而自然恢复，有所成长。不过，对孤独感到恐惧的人，如果有了恢复单身的预感，就会提前情绪爆发。只要联系不上对方，或者看到对方和陌生人亲密交谈的样子，就会产生"我马上又要变成孤家寡人"的灾难性反应。

○ 不要让焦虑之火蔓延开来

焦虑型的人不相信内在的力量，往往低估自己，认为自己熬不过孤独的时光。因此，如果他们和爱人分手，就会一蹶不振，感到绝望，完全不相信自己内心具有能够恢复的弹性。

这种过分的恐惧也会成为提前分手的催化剂。如果一个人被毫无根据的恐惧所笼罩，过分怀疑、察言观色、执着于对方的一举一动，彼此都会感到疲惫。因为害怕被抛弃而感到恐惧，无法享受恋爱，最终导致了分手，却又无法忍受独自一人的时间，于是在没有任何准备的情况下随意找个人交往。"好像彼此还不够了解，交往得过于仓促，我为什么这么冲动呢？"他们在交往之后，又会产生这种

"没有做出正确判断"的焦虑，导致再次分手。如此反复地进行没有准备的分手和恋爱，对关系的恐惧和不安也会愈发强化。

"交往之后本来就可能会分手。""既然已经分开了，那就享受一个人的时光吧。"对焦虑型人说这些话是没有意义的。他们也很想以坦然自在的姿态生活，只是未能如愿罢了。因此，就算是真心向他们提出建议，也只会刺激他们产生"别人都能轻松面对，只有我如此懦弱"的想法。

如果已经和焦虑型依恋的人交往或者关系亲近，需要有一种不被他们的焦虑状态所动摇、维持平静心态的能力。焦虑就像是内心熊熊燃烧的大火，如果双方同时焦虑或者生气，就会演变为一场大型火灾，如果急于一次性解决焦虑，反而会使焦虑强烈爆发。

尤其要注意的是，对焦虑型的人进行对错分析，以有理有据的方式进行说服的尝试，通常都会以失败告终。因为他们一看到对方严肃说话的表情，就会断定对方讨厌自己，开始想象分手的场景。我们只需做出支持与感同身受的表情，用心聆听他们的倾诉，或者回应他们："哎呀，原来你在担心那个问题啊。"焦虑型的人习惯自责，有充分的自我反省时间，所以没有必要再指责他们了。

如果你正在和这种类型的人相爱，就应该灵活地接受他们的言谈举止，以包容的态度保持一颗平常心，多把注意力放在关心、照顾他们的感情上吧。

○ 创伤在过去，而我在这里

　　焦虑型人所经历的焦虑由两个层次构成：表面是想象着分手而感受到的恐惧，核心则是不信任自己（低自尊）。我们首先要处理的是表面的恐惧。因为在不稳定的状态下，如果直接深入核心，会引发相当大的阻力。我们需要脱离想象，集中于现实，反复确认这个世界比想象中更加温暖，有人可以安慰自己，不会再面对痛苦的离别。这就好比对一个看着恐怖电影发抖的人解释："那些都是特效！我刚才看到化妆过程了！"这样就能为他减轻恐惧。

　　经历了反复的被安慰之后，我们就会发现自己已经不再是一个懦弱的孩子。我们已经是可以自己赚钱、旅行、对生活负责的成年人了，要敢于拒绝和摆脱被困在孩子记忆中的生活。

　　创伤无论多么可怕，都有一个共同点：世界上所有的创伤都被过去所束缚。伤痛属于过去，独自一人的恐惧也属于过去，一切都已经过去了。对未来的担忧也是如此。"（以后）要是发生那种事怎么办？"这种想法会引发恐惧，但是世界上所有的恐惧都存在于想象的国度，而我们生活在现实之中。为了摆脱伤痛和恐惧，我们需要不断练习登上"当下"这个舞台。

从这个意义上来说，我建议焦虑型的人从今天开始每天画一幅画。画什么都无所谓，让我们把眼前的东西画出来。画画的时候可以集中于眼前的现实，所以效果十分明显。不必介意绘画水平的高低，哪怕不画画，做任何可以集中精力去做的事情都可以，比如抄写、涂色、拼图、数独、照顾植物等。

如果你感到不安，因内心无处安放而战战兢兢，不妨长时间观察某个事物。你可以数一下前方建筑物的玻璃窗数量，也可以看看天上的云彩，然后你会发现什么也不会发生，只会产生一种"世界比想象中更加和平"的感觉。令人担忧的事情并没有发生，当时感觉到的恐惧和不安停留在了过去。现在，你生活在一个完全不同的现实之中，大可放心。

约会的时候，一定要着眼于当下，关注对方的言谈举止。如果有朝一日真的分手了，到时再想对策也不晚。

临摹与抄写

1. 临摹

随意拿出身边的一幅画，什么内容都无所谓，就照着它画吧。

2. 抄写

会分手的人，无论如何都会分手。

_____

只要有缘相见，总有一天会遇到。

_____

不要担心尚未到来的未来。

_____

○ 焦虑型人的生存法：依赖

"害怕独处"与"低自尊"是相通的，但这并不意味着无法与人见面，或一直处于懦弱的状态。如果说回避型依恋是通过工作逃避，焦虑型则把依赖当作武器。所以，为了摆脱焦虑型依恋，就要练习放弃依赖，走上独立的道路。

"依恋能力出了问题，还要依赖别人？真有人会接受这些人吗？"我们可以对此心存怀疑，事实却出乎我们的想象。焦虑型人很擅长社交，恋爱也比较频繁，周围很多人觉得他们很活泼。和依赖性强的人交往过的人，应该很了解他们的魅力。

依赖性强的人往往会刺激对方的自恋。例如，没有信心独自走夜路的人，会极力做出恳切的表情请求对方："你可以陪我一起走吗？"为了提高成功率，他们还会吹捧对方："我观察了很久，你是最靠谱的。如果你能和我一起走，那就太好了！"焦虑型人很擅长使用这种表达方式，这是一种与冷嘲热讽的回避型完全不同的魅力。

被选中的人感觉如何？首先感到很欣慰：能够照顾他（她），帮他（她）做一些琐碎的决定，似乎自己对他（她）而言是一个特别的存在，有一种自身价值得到认可的欣慰感觉。有点依赖性有什么大不了的？一个人如果常常收到

"如果没有你，我什么都做不了"的信息，应该会感到十分得意吧。

○ "对方更强大"是一种错觉

事实上，接受帮助并不是一件坏事。我们早上睁眼要借助闹钟，上班要靠地铁，生病要找医生帮忙。然而，因为不相信自己而产生的依赖，与这些都不一样。

因为依赖性越高，自己解决问题的能力就越差，所以最终会出毛病。让我举一个类似的例子。最近，在没有网络就无法生活的情况下，某地区的通信基站发生了火灾，有线和无线网络中断了几个小时。当时的情况怎么样呢？相关地区民众的日常生活突然瘫痪，引发了极大的混乱。人类的心灵也是如此。如果依赖成了一个人的主要性格，面对微不足道的危机也会受到很大的打击。高度依赖外国的国家在国际交流频繁时不会出现问题，一旦爆发全球经济危机就会瞬间崩溃。

两个相爱的人相互依偎是一件自然而美好的事情，却也要遵守最起码的主体性。"吃什么呢？""吃你想吃的。""这次旅行去哪里？""亲爱的你决定吧，我一定会跟随。"关系如此持续下去，就是一个不安全的信号，因为被依赖的对方也是一个不完美的人。

相信和依靠某人，在某种程度上是有必要的，但这种战略不可能永远成功。其实，了解之后就会明白，我们所依赖的对象也同样时时刻刻想要依靠别人。

过度的依赖最终会暴露出局限性。职场生活的"升职抑郁症"就是这样的例子：有的人在刚刚入职或者工作经验不足的时候没有什么问题，因为只要服从上司的领导，按照上司的要求去做就可以；一旦这些人的级别提高了，有了下属，他们就会承受极大的压力，不知所措。怀念新入职的时光，经历无人可依靠的忧郁，也是作为领导者所必须承受的压力。

接受别人的帮助并心怀感恩，这种生活固然美好。然而，如果你不想在将来的某一天对无助的自己感到失望，一定要培养解决问题的内心力量。

○ 独立而平等地相处

恋人之间的依赖性，在婚礼这样的大事面前通常表现得最为淋漓尽致。因为在选择和决定的事情越来越多的过程之中，更能看出对方是一个什么样的人。甩手不管把判断交给对方的人，对一点小事都不能做出决定的优柔寡断的人，一味责怪别人的人，等等，都会在这样的过程中呈现出真实的样子。我们应该慎重地观察对方。有时候，你可能觉得对方亲切又善良，可日久天长，才发现他（她）是一个情感尚未独立的人。

依赖型人之所以不容易改变，是因为"越依赖，越深爱"的错误信念。这种人心存一种"没有你就活不下去"的幻想。因此，当他们看到像周末夫妇一样即使分开也过得很好的情侣时，就会认为那种爱情已经冷却，或关系出现了问题。这是对依恋的误解。独自过得很好的人，相处关系也不会差。因此，夫妻二人随着年龄的增长，各自拥有事业和空间时，往往会变得更加恩爱。

用国际关系来比喻的话，独立国和独立国进行公平的交易，这才是爱情。依赖性太强，就会变成殖民地。关系亲近并不一定都是好事。像殖民地一样，单一方向的力量流动会引起过分干涉，然后被蚕食。独立而平等才是健康爱情的基础。

○ 如何保持适当的依赖性

那么，如何才能合理运用独立性和依赖性呢？

第一，如果习惯率先提问，就应该果断戒掉这个习惯。

"这是什么？""现在要怎么办？""那看起来像什么？"一个依赖性强的人，就算面对无人不知的问题，也会如此发问。提问行为本身并没什么问题，问题在于完全不考虑自己是否真的不知道、是否可以承受，一味盲目地发问，把选择权交给对方。从点菜之类的琐事到重要的决定，凡事依赖他人，就会给人一种"人生由他人主宰"的感觉。

那么，如果对方回答了这个问题，他们会服从吗？并不是。如果对方真的给了建议，他们依然会按照自己的想法去做，导致别人的建议毫无意义，令对方感到失望。

第二，即使有些依赖，也一定要记住"我的人生我做主"。即使爱一个人如命，对方也不会替我们走完人生之路。不要忘记，征求意见并非让人做决定，最终的选择、决定和责任还是要由自己承担。依赖性强的人的习性之一是，一旦出现不好的结果，一定会责怪别人。"我按照你说的做，结果搞砸了！"自责也是如此，认为一切都是性格的错、基因的错，甚至把责任归咎于一个并不存在的对象，因为根本不知道解决办法是什么。如果像这样推卸责任，就无法从失败中吸取教训。所以，每次遇到类似的情况，就会将失败合理化，错失自我成长的机会。

如果你觉得自己具有依赖性，不但应该感谢帮助过你的人，更要有意识地努力保持独立决定和自己承担责任的态度。即使结果不好，也要告诉自己"挑战的经验会对我有所帮助"，同时再次集中精神攻克问题。如果结果很好，可以开心地鼓励自己："我果然做到了！"

最后，还要记住，爱你的人无法满足你的所有需求。爱是伟大的，人的能力却是有限的。所以，爱人不可能接受我们所有的情绪，双方的意见也不可能总是保持一致。也许在某个瞬间你会感到委屈。"别人谈恋爱的时候，都这么做啊！"可是你要记住，爱情未能填满一切，并不是因为爱情本身有问题，而是因为我们抱有不切实际的欲望。

5. 不稳定依恋 3：混乱型

○ 自我不可信，他人亦不可信

让我们再回想一下前面说到的与蛇偶遇的故事。认为"世界太危险了！我再也不会出去了"的人，是回避型依恋。认为"一个人在家很危险，以后一定要有人陪在我身边"的人，是焦虑型依恋。也有人认为，"一个人很危险，但和别人在一起也不安全"，这就是所谓的混乱型不稳定依恋。

这种人对世界和自己都失去了信任。遇到问题时，他们会认为不能从自己身上找原因，或者不能独自解决，这一点和焦虑型依恋差不多。但他们还有另外一个特点，那就是同样不相信他人。回避型人认为"这是需要我独立解决的事情"，走的是孤独之路；焦虑型人认为"这种事要拜托他人才能解决"，想要依赖他人。混乱型人则会产生这样的想法："如果别人知道我处理不了这样一件事，会小瞧我吧？"有时候他们又会认为，"别人又能有什么好办法呢？"这种人甚至连痛快地依靠别人都做不到。他们的自尊感很弱，对他人的尊重感也很弱。

"别人会对我的这种生活指指点点吧？""我的社会性这么差，会被看作一个奇怪的人吧？"他们的这些想法不仅是针对自己，也是在给他人贴标签。他们无法积极看待自己，同时也会对别人做出完全否定的判断，把别人视作"嘲笑我的人""无视我的人"。

○ 代表性生存方法：戴面具

这一类人也会迫切地渴望成功，想要被称赞、被尊重，希望得到认可和满足。然而，他们对自己和他人的负面认识根深蒂固，普通的方法已经不可行。结果，他们创造出了"戴着面具的自己"，也就是创造出一个看起来比真实的自己更加厉害的"虚拟的我"。想成为一个有钱人，就做一个有钱人的面具；想要变得聪明，就做一个聪明人的面具。他们戴着如此制作的面具，装自信、装聪明、装富有。那么，戴着面具的样子会展现在谁的面前呢？那些被假面欺骗的人，那些为假面而狂热的人。戴面具的人错误地相信，只有用虚张声势和谎言欺骗别人，才能维持良好的关系。

○ 虚张声势和谎言之下的认知扭曲

想要看起来帅气是人类的自然需求，但过分装腔作势一般都源于自卑。如果你是一个自卑的人，当小缺点被揭穿的时候，会过分地感到羞耻。正是那种想尽办法掩饰的迫切和焦急，毁掉了你的稳定依恋。

混乱型依恋的人，主要存在以下三种认知扭曲：

第一，重要性扭曲。将自己不如他人的某种不足，看作人生中极其重要的因素。例如，因学历而自卑的人认为学历特别重要，因外貌而自卑的人会过度解释外貌的重要性。

第二，对他人的不信任加剧了认知扭曲。他们总是在猜想："他会这样或者那样评价我吧？""他只会看到我的缺点吧？"以这样的方式判断他人，对他人的评价很敏感，认为自己在看别人的脸色，其实是因为自己首先这样评价他人，从而引发了认识扭曲。事实上，大多数人并不怎么关注他人。

最后，万一有人轻视或者取笑自己，他们也不相信自己具备抵抗的能力。自卑本身并不是坏事。即使有点自卑，只要在遇到问题时具备相应的恢复能力即可。"因为家境贫寒而被无视，是那些人的问题。我可以堂堂正正地生活！""即使分手，我也会很快振作起来。"如果保持这样的信念，虽然多少会觉得有些委屈，却也不会有太大的问题。但是，假如存在"被别人小瞧就完了！"的想法，甚至不惜通过谎言来自保，就会引发更大的问题。而事实是，他们根本没有为自己真正抗争过。

装富有、装学识、装聪明、装开朗、装高尚……人类可以使用的面具真是无穷无尽。特别是近年来，我们通过社交媒体表现自己的机会越来越多，只要下定决心，实现某种程度的装腔作势并不难。一旦有人上当，这类人就会逐渐误把面具当作真实的自己，开始自我欺骗。

○ 就算被爱，也不是真的

混乱型依恋的人为了得到他人的认可和喜爱会制造虚假的自我，并且竭力扮演这个虚假的角色。这样做的问题在于，即使得到了别人的认可和称赞，他们也不会产生真正意义上的满足感。因为他们比任何人都清楚，那只是自己制造的虚假自我，不是真实的自己。所以，即使受到表扬，也只是一时高兴而已。他们的意识深处依然会产生这种想法："如果知道了我的本来面目，你们会大失所望。"

假如这个虚假的自我连爱都得不到，问题就会更加严重。"唉，我都做到这个分儿上了，你们还是讨厌我。如果我表现出原来的样子，问题肯定会更严重！"于是，他们会装作更加富有、帅气而自大。这是恶性循环的开始。戴上这种面具源于对自己和他人的不信任心理，所以一般很难克制。

与此同时，他们也会感到越来越累，毕竟伪装自己是一件非常辛苦的事情。真实的自我得到了爱，就会充满精神能量；伪装的自我得到了爱，也很难留住安全感。和其他人在一起时会因为伪装而紧张，独处时也会因为害怕被揭穿而感到焦虑。

假如你制造了虚假的自我，希望得到认可，并且正在阅读这篇文章，那么我想对你说："一切都只是你自己的想法而已。"你觉得自己存在致命的缺陷，认为别人正在低估你、贬低你，觉得大家更喜欢虚假的你，这些都是你自己制造出来的错觉。而且，相信自己用面具欺骗了他人，也可能只是你自己的错觉。这是因为，很多人即使看穿了也不会道破真相。人就是这样，有坏人，也有更多好人，而且大多数人对其他人并没什么兴趣。

实际上，让你看起来更有吸引力的因素，正是你的缺陷和不足。太优秀的人是没有吸引力的。在很多情况下，一个人有缺点需要填补，会引发其他人的保护本能，反而能够得到温暖的爱。如果一个人认为对方需要自己，两人之间就会形成巩固的感情纽带。反之，如果认为对方没有自己也会过得很好，付出的感情必然会少一些。如果一个人太过优秀，每次见面都让我们难堪，我们想远离他也是人之常情吧。

○ 如果你爱着这样的人

如果你担心自己所爱之人是这种类型，不妨暂时顺其自然，持续观察一段时间。因为正常人也可能暂时出现这种状况，不过大部分人都会中途放弃。很多人也想表现"完美的自己"，但遇到困难又会回到原点："不管了，我要按自己的方式生活。"想要讨好所爱之人，这不是每个人的本能吗？所以，只要不夸张，当作一种爱的表达即可。在对方意识到即使不戴面具也能被爱的事实之前，暂时等一等吧。

面对"装"惯了的人也是如此。在没有法律和伦理问题的情况下，建议大家静观其变。与其说对方有什么不良的意图，倒不如说他们是在为自己的形象管理而努力。自卑感是一种爆发性很强的情绪，旁人不能随意直接指出或者羞辱对方。如果心存遗憾地揭露真相，可能会导致对方出现逃避现实或愤怒爆发等极端反应。不如用这样的心态对待他们——"你真努力啊，辛苦了。"只要他们没有给别人带来伤害即可。因为这个问题的源头是对世界和自己的不信任，所以要转变为"世界不会攻击自己"的稳定认识，需要相当一段时间。

"一直假装下去，直到成真为止"，
这种观点错了吗？

Q：戴面具有那么糟糕吗？阅读自助类图书时，你会发现这样的语句："假装已经拥有了它。"想象自己想要成为的样子，模仿那种行为，就真的有可能变成那样吧？

A：改变行为很重要。想要学习好，就得跟着优等生学习；想要成为富翁，可以模仿富翁们的心态或习惯。这样做并没有坏处，重要的是你对世界和自己的看法。如果模仿优等生的学习模式，却认为"这样做也没用，人们只会嘲笑我"，这样是很难成功的。本章节中，真实的自己和外表是不同的，所以用"假面"来作比喻。不仅是行动，心态方面也要积极模仿榜样，梦想美好的未来。

○ 最坏的情况：杠精

不用理会满口谎言和虚张声势之人，因为他们内心已经够难受了。他们无论怎样制造虚假的自我，伪装得再厉害，都无法消除内心深处某个角落的空虚感。"这是我真实的样子吗？""这样得到的认可有什么用呢？""别人发现了怎么办呢？"这种人表面看起来活得好好的，却在不知不觉中持续经历各种各样的混乱。因此，他们比普通人耗费了更多精力，更容易感到疲倦。

然而，即使已经身心疲惫，他们也不会停止伪装的习惯。因为他们认为，如果表现出无力的样子，就会让别人更加失望，所以他们会再次歪曲认知。普通人已经放下一切、安心休息，他们却会一再唤出虚假的自我，就像是要把最后的能量压榨出来，假装自己是超人一样不知疲倦。

那么，这种情况的终点究竟是什么呢？谎言和虚张声势的特质一再强化，最终会成为"杠精"，变成一个自己讨厌、别人讨厌、人人讨厌的人。不管怎么做都得不到满足，疲惫之后又很容易退行到儿童的心态，认为一切都是别人的错。讨厌没有什么可标榜的自己，讨厌寒酸的自己，也讨厌只认可优秀的人的世界，看什么都讨厌，变成了充斥着"不公平"与"不满意"的一种状态。这是人际关系中最糟糕的阶段。严重时甚至会产生极端想法，"如果我消失了，就不用看到这些讨厌的东西了"。

如果用一句话来形容他们对待他人的样子，可以称之为"讨厌后遗症"。身体已经长大成人，童年和青春期的认同感彷徨却持续存在。不喜欢自己点餐，也不喜欢对方推荐的菜单。意面太腻，韩餐太俗，中餐太油。见人嫌麻烦，独处太寂寞。在寻找理想型对象的过程中，这种人看似彷徨，实则满腹牢骚。

如果遇到这样的人作为上司，那将会是一件非常痛苦的事情。本人不想做事，把事情全部都推给下级，但无论对方给出什么结果，他都不会满意。他们嘴上说着"自己看着办"，事后又会指责对方随心所欲。

○ 杠精恋爱时会做些什么

曾几何时，自卑和不满足被奉为成功的秘诀。还有很多自助类书籍，鼓励我们认识到自身的不足，幡然醒悟并付诸努力。鞭策不足诚然不是坏事，只不过，光靠自卑这一种材料不足以取得成功，我们必须对自己充满信心和希望："虽然现在略有不足，但总有一天会成功的！"这种积极的自我观才能引导我们走向成功。如果一味地鞭策，只会让人一蹶不振。

恋爱也是如此。对自己和他人都持否定态度的人，在恋爱时会表现出两种代表性行为，令人筋疲力尽，最终导致崩溃：

第一种就是频繁的"测试"。即为了确定对方有多爱自己而不断考验对方。"即使不能随时联系上我，你也能相信我吗？""你能在任何情况下都不离开我吗？""如果我非常痛苦，你会以多快的速度赶来？"这种人会用各种问题来进行测试，然后逐渐升级挑衅力度。因为无法得到满足，所以不断地用新的考验来确认对方的真心，想要得到爱的确认。但其他人面对这样的对象，很难一直给予理解和照顾。面临意想不到的情况和突发行动，24小时保持紧张的另一半会越来越累。测试者通过这样的过程来确定对方是否真心爱自己，他们觉得如果对方通过了考试，自己就会真心以待。但问题是，没有人愿意接受这种偏离正道的考试，也没有人能够通过。即使通过了一两次，测试者又会逐渐提高测试难度，测试只会无穷无尽，令对方疲惫不堪。

第二种行为是"摇摆不定"。他们为了不让对方察觉到自己的真心，想法和行动都会左右摇摆。对方掏心掏肺地热情靠近，他们瞬间变得冰冷；对方以为此情已逝，心灰意冷，他们却又回来了。如果对方在这种情况下感到疲倦，想要放手，他们又会使劲拖住不放。你确信他们是内向的，他们便表现出外向性；你以为他们很温顺，他们却又突然情绪爆发。一旦分手就会伤心欲绝，第二天却又和别人坠入爱河，这种情况不在少数。在交往过程中，即使对方提出重要的要求，他们也会往后拖延几个小时，把时间浪费在社交媒体上。之所以对自己的感情和决定不确定，还会感到很困惑，主要是因为他们的干劲或者耐力太弱。

这种倾向也常会摇身一变，成为一种魅力。因为这是一个难以捉摸且具有挑战性的角色，所以能够产生致命的魅力。不过，对方很难知道他们是否出于真心，因为他们本来就没有付出真心。

○ 出人意料的潜力

不过，事情也会出现反转。这类人排斥对方的消极态度可能会在某个瞬间突然消失，潜能爆发，让他们的生活出现一百八十度的巨大转变。如此一来，事业、人际关系、家庭等问题就会迎刃而解，也会以感人的喜剧收尾。这便是混乱型依恋的人迎来人生转折点的时刻。那么，这到底是怎么回事呢？

这类人就算始终坚持否定态度，却能维持着一定水平的生活，这也意味着他们同时具备一些其他的资源。在具有消极倾向的人群中，有很多观察力、分析力、爆发力和创新力出众的人。在职场上，他们只要不抱怨，就会得到认可，能力无可挑剔。种种资源在消极态度之下隐匿无形，在当事人变得积极的某个瞬间却会突然显现，引发奇迹。

别人有90分的优点和30分的缺点，从而过上了60分的生活。他们就算有130分的缺点，却有190分隐藏的优点，同样能做到60分。然后有一天，他们体验到自己都不曾知道的那190分的资源时也会大吃一惊："当我相信了自己和世界，居然会有190分的结果！"一旦他们明白了如此积极看待世界的好处，并且保持这种学习态度，就会以与过去完全不同的心态生活。当然，这种情况并不多见，大部分仍是以悲剧告终。不过，恋人偶尔也会看到他们出现这种情况，因而心存希望，但他们在行为或态度上又似乎没有变化的迹象。如果有恋人进行着"战争般的爱情"，别人百般劝阻却怎么也无法分开，应该就是这种情况吧。

○ 从现在的样子开始肯定自己

向混乱型不稳定依恋型的人提建议，需要非常谨慎。因为他们对世界的不信任比我们想象中更加坚固。他们担心被别人背叛，所以一直处于神经紧绷的状态。

如果读者中存在"杠精"，一定会想要率先找出本书的漏洞。"又要说些老生常谈的话吧？""专家们总是想用理论解决一切。""先做好你自己吧！"他们的内心深处有一种"如果轻易感到满足的话就会被淘汰"的信念，所以会想方设法找到不满之处。这就是他们的生存策略。

还有一种比较极端的情况是，有人会故意选择有问题的人谈恋爱。甘心选择这种爱情，通常伴随着一种认为自己会在受苦受累的过程中得到锻炼的错误信念。遇到比自己优秀的人就会感到怯懦，担心自己被无视，于是固执地跳进结局显而易见的火坑里。因为不习惯一切顺利的关系，所以会本能地对难以相处的对象心动。

有人通过接受心理咨询，逐渐了解了自己并学会尊重自我，随后心甘情愿地选择了与对象分手。这个选择就像是纠正系错位置的第一粒衬衫纽扣，目的是不再折磨自己和对方。当然，也有人在维持关系的同时逐渐解决了问题。虽然不能断定哪一种方法更好，但是我认为，无论如何都要恢复对自己的信任。

不管原因如何，如果生活中以抱怨和不满为动力，既折磨自己，也折磨别人。所以，后悔了就应该尊重后悔的自己，分手了也应该尊重分手的自己。如果在努力过程中心存怀疑与抱怨，那就试着接受和尊重这样的自己。如果认为"一定要改变到自己内心满意，才会爱上这样的自己"，便是构建另一个虚假的自我，引发新一轮恶性循环。这种人十有八九会精神崩溃。一直带着无数的疑问和不满生活，就像比普通人多活了两三倍的人生一样，必然感到身心俱疲。因此，就算对每件事都有很多的消极抱怨，无法得到满足，也要称赞自己的这种"坚持的力量"。

写感谢日记

到此为止，我们学习了"依恋"的相关知识。其核心观点是，当一个人对自己或者世界持否定看法，情绪框架也会出现问题。那么，如何才能积极地看待自己和世界呢？消极的人并非总是消极的，如果有好事发生，就会产生感恩之心，以及对世界的信任，但他们的问题就是忘得太快。积极之人与消极之人的区别在于保留记忆的时间长短。

正因如此，"感谢日记"在改变人们看待世界的观点方面很有成效。每天可以简短记录三件今天需要感谢的事情。记录的作用是重温并表述积极的经历，以便之后重新回顾。通过这个过程，我们对自己和世界的认识会逐渐变得积极，这是一个激发"积极感受力"的过程。可以在社交媒体上留下照片，也可以在手机上写写三行日记之类，贵在坚持。

把笔记本放在床头柜上，哪怕是不足挂齿的小事，只写一行也会有效。

写下今天要感谢的事情

1. 主题：
内容：

2. 主题：
内容：

3. 主题：
内容：

人活着，难免会遇到有各种依恋问题的人。也许自己就是那样的人，也许自己喜欢的人是那样的人。此时就要考虑应该如何解决问题，如何接受自己，如何引导依恋类型向着积极的方向转变。

　　依恋无法转向稳定型的原因，主要有以下两种：第一种是由于缺乏被爱的经验所产生的"爱的缺乏症"。第二种是巨大的离别伤痛所引发的"离别后遗症"。接下来，我们分别学习一下这些症状如何隐藏在我们的日常生活之中，并给爱情带来困扰。

Chapter 3

第三章

爱情缺失的根源
和恶性循环

1. 爱情缺乏症：
安全区缺失

○ 我的依恋类型是什么？

写到这里，我突然很好奇，自己的依恋类型是否健康呢？

回想自己二十多岁的时候，毫无自信，那是人生的黑暗时期。即使现在已经白发苍苍，依然很认生，还有工作狂的症状，会不会属于回避型依恋类型呢？但是从偶尔出现的强迫症来看，似乎焦虑指数也相当高，很怕水，也很难忍受按部就班。其中不乏性格急躁的原因，但是把写得潦草的文章一股脑儿发给出版社，并表示"我只相信编辑"，似乎又是依赖性的表现。我曾经有过很多不满，却也因此完成了不少工作。那么，我应该属于混乱型不稳定依恋吗？

我越写越觉得对不起身边亲近的人。我这才发现，我只记得自己很累很受伤，实际上给别人带来了很多困扰。尽管如此，我似乎也有稳定型依恋的框架。因为虽然存在前面所说的那些问题，但是到目前为止生活得还算不错。

我如何成为一个自尊心很强的人？我的稳定型依恋从何而来呢？我一刻不停地享受各种新的挑战，这种心理有什么样的经验基础呢？

如果我是稳定型依恋，十有八九是因为受到了外婆的影响。外婆有八个子女，母亲是大女儿，我的姨妈和舅舅加起来足有七个。因为他们结婚都比较晚，所以堂兄弟们出生也很晚。我和哥哥十多年来一直在"尊贵的外孙""大姐的儿子"的位置上独享了很多的亲情，度过了充实而幸福的童年。父亲是五兄妹中的长子，所以我的叔叔、姨妈和姑妈共有十一个，叫我"侄子／外甥"的足有二十二人。

我非常幸运，是良好环境的受益者。虽然家境并不宽裕，也没有特别突出的地方，却总感觉身后有坚强的后盾。没考上大学的时候，我想过"如果一事无成，就去投奔外婆家"；担心书卖不出去的时候，一想到亲戚们每人买一两本书就能卖出500本，心里就踏实了。"我是一个值得被爱的人，世界不会抛弃我"，这种坚定的信念背后，是亲人们给我的坚定的爱。

○ 安全区是心灵的血清素

对我来说，外婆家就是我的"安全区"，是回想起来即可让我心情舒畅、安心的存在。"安全区"可以是人，可以是物，可以是回忆中的某个地方，可以是信仰、动物，或者想象中的某种形象。

不管它是什么，拥有可靠安全区的人在很多方面都是很有优势的。首先，遇到考验或者危机时恢复得比较快。即使没有人帮忙，情况不乐观，也可以自己平静下来，马上恢复理智。最近有很多人养植物，或者独自去旅行，或者去一家不为人知的饭馆用美食治愈自己并拍照片留念，这些行为都是因为想在心里多留下一些安全地带。

如果从生物学角度解释"安全地带"，意思就是神经传达物质——血清素十分充足。血清素对情绪起伏、认知扭曲、忧虑等都具有一定的缓冲作用。假设我们的内心是一口锅，血清素就是锅里面装的水。如果锅里有充足的水，即使温度突然改变也会比较安全，能很好地吸收外部刺激。如果水太少，很快就会沸腾或蒸发掉，锅就会烧坏。

情绪就像天气，随时会发生变化。可以把"控制情绪"比作应对多变的天气，在晴朗的天气里撑开雨伞，或者在气温零下的环境中只穿一件短袖 T 恤，都是不成熟的应对措施。就像下雨时要打伞、刮风时要整理衣领一样，适当地对情绪做出反应，才是成熟的情绪调节方式。

一个拥有安全区的人，即使遇到恶劣天气（不良情绪）也不会责怪天气，抱怨"为什么偏偏现在下雨，下班路上多麻烦"，而是会说："咦，下雨了，我的雨伞呢？"如果情绪和反应之间有一个安全地带，我们就有可能做出适当的反应。

○ 安全区是我们的避难所

所有的人际关系都不可避免地涉及冲突。嫉妒、竞争、愤怒、自怜、悲伤等，各种各样的情绪是关系中的隐藏属性。安全区就是这种时刻的避难所，就像当阵雨来临时有一间小屋可以避雨。很多有过被爱经历的人遭遇危机时会迅速进入小屋。即使不是马上可以进入小屋，也会想起小屋的存在，从而恢复平静。在那间小屋里，他们可以尽情地睡上一觉，等到天晴了再出去。

备受关爱的经验能帮助我们坚持做一件事。例如长期备考、复健运动、长期恋爱等，都能帮助你从容地应对长时间工作中产生的问题、恐惧和失望，为你提供坚实后盾。

安全区也并不一定都是理想的体验。缺爱的人往往会误解，认为安全区的经历应该是纯粹、美好、和平的，其实并不完全是那样。为了便于理解，我打个比方：我们在旅行时不仅能够体验到令人愉悦的风景和美食，还有可能迷路、受伤或者遇到小偷。

我的记忆中，外婆家也有发生争执和矛盾的时候。我记得大人们也会无缘无故地发脾气，或者因为气氛冷淡而需要小心翼翼地察言观色。因此，我自然而然地就知道，只要人们聚在一起生活，就会发生这样那样的事情，但这并不意味着他们不爱我。

安全区便是如此，帮助我们承认现实，积极地接受当前环境。我个人认为，这才是安全区的最大作用。

相反，没有安全区的人在遇到同样情况时则有完全不同的表现。去景点旅游时本该好好享受，却因为害怕遭到扒窃而不敢出门。就算是再小的事情，如果每一次都经历了谴责和攻击，就会觉得只要发生一点小骚乱就会出大事，内心惶恐不已。当然了，他们也不懂得如何收拾残局，更没有好好收拾残局的心态。只要发生小矛盾，他们就会认为这是一场枪声四起的战争，对每件事都感到不安和恐惧。

缺乏被爱的经验，没有安全区，就像是在艰难的时刻没有可以依靠的回忆，在危险的时刻没有可以逃跑的出路一样。如果认为这个世界上没有一个人认可自己、爱自己，该是多么的无助和委屈啊。

不过，现在放弃还为时过早。这本书你已经读到这里，至少你与这本书的关系是稳定的，这也证明了你拥有稳定型依恋的潜质。如果从现在开始逐渐扩大安全区，痛苦的心就会痊愈，爱的力量也会恢复。与其匆忙放弃，不如做个深呼吸，抱着"不管怎样都要把握好这次机会"的心态继续前进。

○ 爱的缺失，是恶性循环的起点

产生依恋问题的第一个原因是爱的缺失。缺爱不仅是一种症状，而且是恶性循环的起点：因为没有被爱的记忆，所以没有调节感情的安全区，也不知道如何爱自己，从而导致自尊心下降。低自尊的人会认为爱一个人就是"被抛弃的前兆"，从而产生极大的压力。这会导致"好孩子综合征"（good child syndrome）和自怜情绪，产生不会爱、得不到爱的恶性循环。最终，爱的缺失会导致各种症状不断反复，与他人的共情能力下降，成为一枚容易引爆的不定时炸弹。

缺爱的人面临双重困境。他们既不能好好爱自己，也因为不能获得别人的爱而感到十分遗憾和委屈。在现实情况下，他们也不能期待从别人身上或从过去的经历中得到治愈。就像台风过境之后，内心一片荒芜，充满了消极的想法。

许多人在努力寻找爱情缺失的根本原因，但我不建议这样做。未能得到充分的爱是一件十分委屈的事情，找到理由又如何呢？那都已经是过去的事情了，不是现在能够解决的问题。一五一十地翻开过去并寻找原因，却忽略了恶性循环的另一面，这种案例比比皆是。深入研究爱情缺失的恶性循环，才是最重要的。

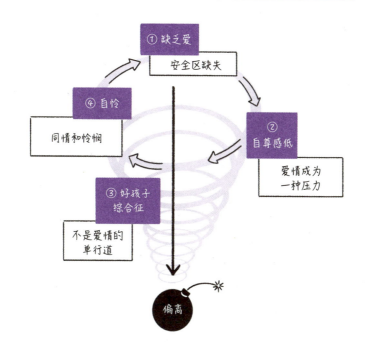

从现在开始，我们一起学习爱的缺失会对我们的生活产生什么影响，并了解爱的缺失和缺乏安全区对自尊、性格和人际关系的影响。另外，我们还将具体学习"抗压能力弱"这句话是什么意思，以及"爱与被爱"如何改变人生。

2. 恶性循环的第 1 步：
低自尊

 烙印的内化

　　一个男孩死在乡下，村民们指认附近一个叫蒂莉的女孩是凶手，称她受到了上帝的诅咒，并将她逐出村庄。二十五年之后，蒂莉成为知名的时尚设计师，回到了村庄。

　　这是澳大利亚电影《裁缝》(*The Dressmaker*)的开头部分。长大之后的蒂莉委屈地说："我那时才是一个十岁的小女孩，怎么可能杀人呢！"她逐一走访居民，获取证词，并到警局寻找资料，最终证明了自己的清白。

　　然而，蒂莉还是无法改变童年时期留下的自我印象，无法摆脱"自己是一个被诅咒的孩子"的固有想法。她已经成长为一个既漂亮又有能力的成年人，却仍然认为自己会招来厄运，无法答应心爱的男人的求婚。

○ 用指责他人来安慰自己

有些人会试图通过扭曲和贬低一个正常人的价值，来获得一种"不是安慰的安慰"。他们试图通过责备他人来消除自己的痛苦。影片中的蒂莉就不幸成了这种人的替罪羊。

这种类型的人热衷于指责艺人的外貌，斥责优秀运动员的竞技能力，比如"缺乏意志""精神失常""自我管理混乱"等，他们把自己应该听到的评价转嫁给了他人。

偷窃或破坏别人自尊的人通常都是这样，毫不犹豫地说一些损人不利己的话，甚至乐在其中。网上那些乌烟瘴气的发言与毫无根据的指责、嘲讽也属于这种范畴。

带刺的话语会直接攻击人的自尊。一个反复遭受指责或攻击的人，尤其是在本应得到充分关爱的童年时期，会将自己投射到这些指责中。"别人做起来非常容易的事，为什么我做不到呢？""我这副样子，谁会喜欢呢？"这种印象会根深蒂固。一个人受到未经过滤的粗鲁指责时，如果不立即反击，会很容易忘记自己是一个多么可爱和优秀的人。

○ 低自尊者的爱

有的人在本应得到爱护的时候却遭到了攻击，由于不曾得到过关爱，很难明白如何付出。他们不懂得如何爱他人，也不懂得如何爱自己，从一开始就很难保持自尊。

如果一个人觉得自己不值得被爱，遇到有人对自己告白，就会产生一种陌生的感觉，甚至还会感到不开心。他们会觉得自己并没有那么好，对方好像搞错了什么，还会怀疑并警惕对方是不是有什么心计才说喜欢自己。不认可自己被爱的事实，就会陷入"为什么他会有这种想法"的怀疑之中。

和这种人约会是不幸福的。对方对他们越好，他们的心情就越复杂。看着美好的风景，吃着美味的食物，心里却是另一番想法："你为什么对我这么好？""这样下去很快就会失望吧，还不如现在分手比较好。"低自尊的人不会通过约会获得幸福和能量，只会产生极大的情绪负担。

这种爱的缺失所造成的低自尊，会让爱情变成一种压力。因为这种人不相信自己的魅力，总会预想不好的结局。心动会成为压力，想要好好表现自己的欲望也会成为负担。本该令人兴奋激动的约会，也变成了察言观色、担心、试探、自责，整日忧心忡忡。

这种人还会把对自己的不信任投射到外部，演变成对对方的怀疑。稍微闹点别扭，他们就会说："既然你知道了我是什么样的人，马上就会离开我吧？"如果对方态度稍有改变，又会产生一种"是不是觉得我好欺负"的疑虑。这种怀疑不断加深，还会引发攻击性。低自尊往往是暴力的基础，包括过度执着、监视对方、侵犯隐私等。

和自尊心低的人交往很累，因为只要稍微有点争吵，他们就会加入各种理由，把矛盾夸张和放大。比如对方约会迟到，谁都难免会生气，但一般人只要说一句"下次不要迟到"事情就过去了，而低自尊的人对这种简单的解决方法并不感兴趣，他们会竭力寻找本质完全不同的原因，比如"因为无视我才迟到""因为不想出来才迟到"等。像这样，三十分钟即可结束的矛盾，变成了漫长的冷战。

低自尊的人就这样把爱情挡在了门外。自尊心降低是因为缺爱，但最终因为不知道自己多么值得被爱，以至于错过了爱情，真是令人遗憾。

○ 和自己成为一个团队

对于正在低自尊心状态下谈恋爱的人，我建议要有团队合作精神。爱情意味着成为一个团队，团队里除了自己和对方之外，还有一些"看不见的队员"。

这句话是什么意思呢?

我不是"一个人"。世界上有三个"我":我认为的我、别人认为的我、本真的我。这三个人的样子可能相似,但通常不同。因此,如果相爱的两人组成了一个团队,那么这个团队中就有六个人。

低自尊是指"我认为的我"没有"本真的我"那么好的情况。如此一来,"我"的团队内部产生了优劣关系,无论遇到外面的谁,都无法组成一个好团队。内部无法协调的球队在外部刺激下会变得脆弱,即使受到很小的攻击也会破坏联盟。

想要爱他人,先要尽力学会爱自己,正是这个原因。如果学会爱自己尚且需要时间,至少先停止贬低自己。如果有人评价你很优秀,就承认自己具备那样的魅力吧,因为"别人认为的我"可能是完全不同的模样。

想要学会爱自己,最好先试着练习和自己和睦相处。只有这样,自尊感才会提升,才能不轻易被压力所左右。

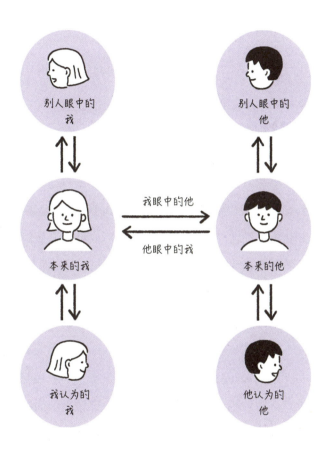

别人眼中的我

别人眼中的他

我眼中的他

他眼中的我

本来的我

本来的他

我认为的我

他认为的他

两个人见面等于与"六个自我"的会面

3.恶性循环的第 2 步：
  好孩子综合征

○ 早熟的人

那些带着缺爱的创伤，不能很好地尊重自己的人，会以什么样的面貌生活呢？我在几年前沉迷的电视剧《我的大叔》中发现了这样的主人公，她就是从小独自照顾奶奶和弟弟的李至安。"伤痕累累的孩子会早日长大成人"，这句台词让人印象非常深刻，迄今难以忘记。

李知恩饰演的李至安，在电视剧开场时没有任何表情，就像一个既不高兴也不悲伤的工作机器人。她白天做合同工，下班后去餐厅打工，把剩菜打包回家，草草地吃顿饭就睡着了。她的脑子里只有一个想法：赚钱。因为祖母疗养院的费用一直拖欠着，挣的钱还要用于还债。她独自生活，心里只有"义务"，没有朋友，没有爱情，没有梦想。她没有什么特别喜欢的东西，对于向她施以援手的人也会冷冷拒绝。

有些人就像这样，在应该得到照顾的时候没有得到，早早变得成熟。偶尔也有人战胜逆境成长为一个真正的大人，更多的人却患上"好孩子综合征"，压抑欲望，只忠于义务。在没有安全区或者自尊感的基础上，他们在社会生活中只能反复进行单方面的献身。这样的人想要恋爱，不是一般的难。

他们不关注自己喜欢什么和想要什么，而是关注要照顾的对象喜欢什么、为此自己应该做些什么。压制自己的需求逐渐成为一种习惯，他们一心努力了解并满足他人的需求。

患有"好孩子综合征"的人当中，不乏像电视剧的主人公李至安一样面无表情、满腔怨气的人，大多数人却都是一种自我审查和忧心忡忡的状态。这是因为，他们过于重视自己的行为会给他人带来何种影响。例如，即使心烦意乱，也要先考虑自己是否应该发火，发火后对方会如何反应等，以此节制自己的情绪。这类人表面看起来成熟而体贴，却急于迎合外界所需，很难让自己感到幸福。

○ 爱的基础是互动

患有"好孩子综合征"的人最大的问题是无法对自己诚实。他人的评价和需求比自己的兴趣更加重要，对好评的渴望压倒了对自我的尊重，所以相当于根本没有自我需求。不仅不表达，连自己喜欢什么、不喜欢什么都不想知道，只跟着做别人想做的事，或者按照别人的喜好进行选择。

并非只有在贫穷、匮乏的环境中长大的人才会这样，出身富裕家庭的医生、律师也有患上"好孩子综合征"的情况。他们从小就读于家长指定的补习班，接受了置身竞争的命运，根据父母的社会地位或者眼光决定自己的前途，并努力寻找父母喜欢的配偶。他们生活的目标不是自己的幸福，而是"父母的满足"。

这样的人习惯关心他人，看似会爱情美满，其实并非如此。因为他们缺乏爱的根本能力——互动。

每个人都有一定的社会需求，想要帮助他人，害怕坏名声。然而，人还有一个更大的欲望，那便是想要照顾自己，按照自己想要的方式生活。这种双重心态不是坏事，因为双方的感情互动就是如此：付出与照顾、给予幸福与得到幸福，这些状态必须形成良性循环。就像鳄鱼和牙签鸟一样，彼此双赢的关系造就了强大的爱之能量。

反之，缺乏互动的关系中产生的能量很弱，持续力也很短。如今，企业也开始摒弃片面、权威的业务系统，努力建立横向、自主的体制，这都是为了适应多元化的世界。单方面传递信息的方式短期内或许有效，从长远来看却必然产生副作用。

爱情也是如此。如果一个人没有互动的能力，别人也许对他们评价不错，真正在亲密关系中与之相处的人却有种面对一副空皮囊的感觉。两人互相交流，就算有不同的意见，偶尔发生争执，在解决矛盾的过程中也会变得更加亲密，这才是真正的爱情。然而，患有"好孩子综合征"的人很少显露内心，对方只能体会到情感的缺失。

○ 压抑会导致爆发

人的心灵由三个自我组成，就像地层一样，分为不同的层次：首先是本能冲动的本我，其次是理想中想要成为的超我，还有在这两者之间、一生彷徨于"非此即彼"的自我。

患有"好孩子综合征"的人，在本我还没有蠢蠢欲动的时候就出动了超我，将本我狠狠地压制住，所以"好孩子综合征"的基础是"压抑"。压抑玩耍的欲望去努力学习，压抑自己的主张去察言观色，压抑自己的欲望去谦让他人，这些都是"好孩子综合征"的出发点。

那么，"好孩子综合征"的结局是什么呢？最终，本我会以各种各样的方式抵抗，比如大喊大叫、扔东西，或者使身体得病等。这在心理学上被称为"行动化"（acting out），是一种不成熟的防御机制。

　　"好孩子综合征"的开始是压抑，结局是爆发。压抑越重，爆发越频繁。爆发后自责，从而导致再次压抑。这就是压抑和爆发的无限重复。如果不向他人爆发，就会向自己爆发，如果连这一点都做不到，就会在体内以抑郁症、癌症等形式爆发。通常，向外爆发者的心肺疾病发病率很高，向身体内爆发者则癌症多发。所以，每次爆发是有害的，长期压抑最终爆发也是有害的。

　　这些"好孩子"在爱情中也会遇到麻烦，因为不动声色的压抑会引发一次巨大的爆发。一个平时看起来好端端的人，却总在意想不到的地方突然爆发，别人很难理解与承受。

○ 爽快的发泄：说出来

　　想在爱人面前尽力展现自己好的一面，是一种自然的心理需求。然而，如果担心自己面露难色会导致对方离开，于是压抑着自己，这种态度真的可以称作是"真正的爱情"吗？

　　患有"好孩子综合征"的人，必须掌握一种爽快的方式来表达需求。人与人之间相处产生的摩擦和负面情绪，需要根据情况适当地向对方发泄出来。

养成用语言表达情感的习惯，是一种最基本的方法。在特别艰难的日子里，不要勉强保持笑容，而是应该坦诚地说出"我今天心情特别不好，根本笑不出来"。不管发生什么事情，首先练习说出自己的需求吧："我今天有点累，下次再听你的请求。"如果连这种程度的表达都很难做到，那就在一日三餐的时间试着表达以下想法："哎呀，好饿啊！""想吃好吃的东西！""这真的不合我的口味。""我不能再吃东西了。"这几句话看起来没什么，却可以成为你表达自身需求的第一步。接下来可以逐渐提高标准，熟练地说出自己的愿望，并掌握适当的协商方法。表达自己的情绪和欲望，最终会得到对方的尊重。

4. 恶性循环的第 3 步：
自怜

○ 当自怜成为核心情绪时会发生什么

当爱持续缺失时，人最主要的感受是自怜。这种情绪不同于焦虑和抑郁，而是一种对自己感到遗憾和悲伤的复杂感情。自怜的人，内心深处充满了悲伤的情绪和想法："世界上没有比我更可怜的人了。""我身边的人为什么总是这样？""没人能理解我的心。"

这种想法在平时并不明显，然而，一旦与自我认知发生联系就会表现出来。他们会毫无缘由地流泪，或者在看电影电视剧的时候，悲哀的情绪会莫名其妙地涌上心头。在倾听他人苦恼的同时，他们也会经常诉说自己的处境："很辛苦吧？但我经历的事情更严重呢……"以自怜为核心情绪的人，看起来温暖多情，实则共情能力极差。

有些人在初次见面时就会坦然说出自己的心理创伤。听者会感到茫然，搞不懂他们为什么要谈起那些，说话者本人却不予理会。他们嘴上可能轻描淡写，说自己经历的那些事并不算什么，实际上却在传递另一种信息："我经历过这种事情，所以你们要主动对我多多关照。"

这种人还会过分在意他人的情绪，但这样做也是为了自己：因为害怕被人讨厌、担心受到伤害，从而过度保护自己。也有一些人认为应该适当自卫，以攻击性的态度武装自己。他们认为"对方如果不帮助我，就是坏人"，以及"我变成这样是有理由的"。通过这种形式，他们将自己的无礼行为合理化了。他们是被动攻击型，即使外表态度谦恭，内心却极度粗暴。

这类人还有一个特点，就是容易对烟酒、咖啡或甜腻的食物上瘾。他们感觉自己是渴望爱的孩子，因而会启动补偿心理，明知这些东西对健康不好，却需要借此获得安慰。如果缺少了这些，他们很难坚持下去。严格来说，这样做并不是出于享受，而是出于依赖。因此，听到身边人让他们戒了这些东西，他们会感到伤心。

自怜的人对爱的渴望也很强烈。他们总想得到安慰，不断渴望身边有人陪，所以不停地恋爱和分手。向他们走来的人，主要是有着想要帮助他们的倾向，或者高估了自身影响力的自恋者。影视剧中很容易看到这种组合，但现实却并非那么美好。

○ 因失败而难过，难过再次导致失败

说实话，很少有人不曾觉得自己处境尴尬。即便不曾经历家庭不和或者校园暴力等重大事件，有时也会觉得自己落魄且差劲。看到其他人都过得不错，就愈发感到畏缩。如果经历过高考地狱、无休止的就业准备、迷茫的社会新人时期，就会特别深刻地感受到这种自怜情绪。面对同样的经历与相似的自怜，有人被困其中，有人却像得了感冒一样，过一段时间就自愈了。

心理健康的人即使遭遇不幸，也会一边展望未来一边试图走出困境。他们心怀积极的希望，或者将自己的经历普遍化，以此安抚情绪："经历过这个时期的同龄人大多相似，大家同样辛苦。"这种方法虽然不能从根本上解决问题，却有助于摆脱情绪上的孤立。

反之，被自怜所困的人的目光则看向过去，自己把自己孤立了。"为什么只有我的人生是这副样子？""好的基因都到弟弟妹妹那里去了！"他们被这种想法所困，给自己套上枷锁，不断指责自己、轻视自己、折磨自己，原本拥有的潜力也被埋没。他们本应多加学习与训练，却沉溺在过去的悲伤之中无法行动。

因此，自怜的人在重要的竞争中往往处于劣势。他们的主观幸福感薄弱，容易在危机时崩溃，尤其容易面试失

败。因为人们通常都希望与积极向上、面向未来的人一起工作，而他们沉浸在自怜和悲伤之中，导致了在竞争中遭到淘汰的糟糕结果，这也让他们再次陷入悲伤。这便是悲伤和失败的恶性循环。

○ 爱得困难的原因 1：情绪的传染性

爱一个自怜的人非常艰难，因为情绪具有传染性。情绪能够向他人传播和同化。和朋友一起看电影或者演出会更加有趣，正是这个原因。身边人的反应会传播过来，同化我们的情绪，于是有趣的故事显得更有趣，悲伤的故事也更悲伤。自怜也是一种情绪，如果你靠近，也会被传染。

有时候，你可能会希望通过爱情来改善对方的自怜，期待这份爱能帮对方走出原有的伤痛。然而，自怜很容易上瘾，即使你给予对方再多的关爱，也不会有任何改变。也许表面看起来好多了，但不知不觉就又会回到原来的位置。就像喝醉的人更想喝酒一样，自怜的人一直试图收集安慰和同情。如果这种情况持续下去，身边人也会被同化出类似的情绪："没完没了地这样做，我也很可怜。""我比你更可怜。"严重时还会产生愤怒或愧疚感，认为自己是一个"对对方没有任何帮助的无能之人"，或者"对方只在需要的时候才会找我"。自怜会像这样无声无息地感染周围的人。

○ 爱得困难的原因 2：把坏人误认为强者

如果沉溺于自怜的想法，被"坏人"吸引的风险就会增加。因为自认为是弱者，所以产生了想要依赖强者的执念。这种人不愿意自己变得坚强，不想亲自去克服伤痛，反而会寻找各种借口，比如自己不知道方法、不具备某种环境等。而此时经常发生的错觉就是，把别人"坏"的一面误解为"强"的一面。

比如，对父亲的大声斥责感到恐惧的孩子，会在潜意识中把大喊大叫看作强势的表现。于是，他们会为了让自己变得强大而大喊大叫，或者试图依靠这样的人。其实大喊大叫并非什么强势，而是一种坏毛病，他们却因为自己深受其害而混淆了两者。如果不能摆脱这种错觉，就会导致与自己最不想靠近的人反而走得最近的不幸结局。

当这种区分好与坏的标准出现混乱时，爱情也会变得混乱。比如，遇到一个人总是用恶毒的话语贬低他们的自尊，他们依然会觉得"那个人有时还是会站在我这边，对我很好的时候还是令人安心的"。如果有人在不幸和痛苦中苦苦支撑，努力维持关系，并且不断循环这种模式，就应该考虑他是否混淆了"坏人"与"强者"。反复被花心之人、暴力之人或无能之人所吸引的情况也是如此。爱情应该是与一个好人共同创造一段美好的经历。

○ 摆脱怜悯，走向爱

怜悯与爱看似相像，却截然不同。如果混淆这两者，就只能得到怜悯和同情，而不是爱。因此，我们必须予以区分。

爱以尊重和信任为基础，而怜悯缺少爱的第一步——"这个人看起来很可爱"。怜悯是想要帮助弱者的善良心意，却缺乏对对方的信任，具有一定的局限性。简单地说，爱是追求正当、对等的关系，怜悯则是承认差距并给予援助。

自怜感越强，自尊心越低，对他人的不满也就越多。当别人夸自己可爱或者有魅力的时候，反而会感到不适，把对方的善意理解为"我真是一个可怜人！"如果别人可怜自己，又会觉得不被尊重，同样感到不适。这种人就这样不知不觉地成了混乱型不稳定依恋的"专业杠精"。

想要和这样的人在一起，需要具备"不为情绪所动的淡然"。不被无助感和无价值感所传染，下定决心追求爱，而不是怜悯；不在意最终的结果如何，只是坚持不懈地去追求。比如，我们可以和对方说："你对我很重要。我不想强迫你喜欢我，我只是喜欢你。""你真的很棒，外表和心灵都是。虽然你自己不承认，但是每个人都有自己的判断。在我看来，你就是最棒的。""我希望你可以明白自己有多好。如果你不知道，我也没有办法。"

我们需要提供这种可能性，保持平行前进的态度，同时做好准备去爱那个人的低自尊。这真的不是一件容易的事。

走出自我怜悯也要经历类似的过程。自我怜悯是一种长期与低自尊、"好孩子综合征"混杂在一起的情绪，如果突然戒掉，戒断反应也会很严重。这种人通常会担心自己成为一个磊落、健康的人之后，就会连之前的怜悯也得不到。所以，我建议从简单易行的小事开始。例如，"连续三天感谢自己""每天至少称赞自己做好了一件事"等，把目标的期望值定得低一些。这种做法是为了反复经历在小事上取得成功的经验，熟悉成就感，再慢慢提高难度。

消除自我怜悯的七个步骤

1. 哭出来吧

我们有时会觉得自己无比可怜，在宇宙中孤身一人。此时痛哭一场是一个不错的方法。流泪也是一种沟通和表达的方式。可以找一个安全的地方、一个安全的人哭诉，哪怕独自一人也要放声大哭。有这样一种说法："有些人忍了一辈子不哭，但没有人会哭一辈子。"所以，想哭的时候就放声痛哭吧。

2. 写自传

你需要回顾自己的人生。如果你希望热爱和尊重自己的人生，应该首先去关注它：自己在哪里出生，如何成长，遇见了谁，经历了什么事……详细地回忆这一切，并将这些内容联系起来。可以用文字或图片来表达，尽量多回忆，详细记录，然后读一读。这将有助于你明确自己的想法。

3. 回顾成功的经验，发现自己的潜力

经历自尊受挫、自我怜悯，真的非常令人遗憾。但是，即使经历了这样的坏事，你依然坚持至今，过得很好，这一点已经值得称赞。你本来拥有很多潜力，糟糕的经历却会压制它们，导致更多的潜力无法发挥。不妨回想一下，帮助我们一路克服艰辛的内心力量是什么。

4. 思考外界给予自己的帮助

在过去的人生旅程中，是什么外在的力量帮助了我们？例如，想一下那些支持我们战胜厄运的人，帮助我们走出困境的事物，让我们的疾病不再恶化的良好习惯，激励我们在劳累时重拾信心的心意等。

5. 表达感谢

迄今为止，我们的生活中一定不乏提供过帮助的人和事。我们要对此表示感谢。哪怕一时想不起来，也要告诉自己"希望以后会有能力""希望以后能遇到帮助我的人，好好表达感谢"。改变的第一步是"愿意做出改变"。

6. 对着镜子露出微笑

如果可以的话，做出一个微笑的表情吧。

7. 大声说出"我再也不会自我怜悯了！"

从自我怜悯中走出来的过程类似于醒酒。尽量不要撒酒疯，好好睡一觉，或让自己大哭一场。然后，就像酒醒之后回忆昨天的事情一样，慢慢回顾自己的人生。要戒酒，首先要改变心态；想摆脱自我怜悯，首先要下定决心。下定决心的事未必会全部实现，但是不下决心必然一事无成。

5. 恶性循环的结果：
共情能力的缺失

○ 共情比想象中更难

人们经常强调共情的重要性，所以这一点并没有什么新意可言。尽管如此，共情还是比我们想象的重要得多，特别是在恋爱的时候，说是核心能力也不为过。

前文所说的缺爱的恶性循环——"安全地带缺失""低自尊感""好孩子综合征""自我怜悯"等，都会降低一个人的共情能力。因为缺乏获得共情的经验，不知道方法也不敢尝试，不相信共情的力量。在内心深处认为只有自己最累，所以没有精力去关注或揣摩他人的情绪。如果再加上体力下降或受害者意识，共情就会变得更加困难。

人们都在强调共情的重要性，在现实生活中真正做到的人却并不多。前来咨询的夫妻们表现出的模式，总是出奇的相似：

"如果感到自己没力气，就去运动一下啊……但是就算我告诉他应该怎么解决，他也没有想做的意思。"

"我又不是不赚钱，我一不出轨，二不赌博，不知道到底她对我有什么不满意！每天总是在发牢骚。"

"这点事有什么大不了的，拍拍身上的灰，站起来就行了啊！"

夫妻一起来咨询时，应该是想要解决问题，咨询的过程中却不顾及对方的感受。没有抱怨自己犯错是因为对方，已是万幸。

○ 我们需要补上共情这一课

情感的解决方案，除了共情，没有什么好办法。其实共情是解决一切人际关系的困扰和爱情问题的最有效方式，只是需要一些时间而已。共情会起到逐渐放大好情绪、消化坏情绪的作用。

因此，专家提出的解决方法大多是"与对方共情"。这就是正确答案。大多数咨询者会满脸失望地问："有没有别的解决方法？"他们不仅不相信共情的效果，而且认为即使自己给予了充分的共情，对方也不会做出改变。因此，他们就会尝试寻找和应用其他方法，比如以同样的方式抓对方话柄，或者表现出攻击性以刺激对方，拿对方的家庭问题开涮，让对方难受等。他们尝试着给对方致命一击，其实是无理取闹，不仅没有效果，而且消耗了能量。

"医生，其实我已经尽力了，还需要再做什么呢？"

没错，他们已经竭尽全力，还是没有让关系得到改善，所以才会怀着急切的心情来到心理咨询师这里。但是，归根结底，是他们的方法出了问题。治愈感情的唯一方法就是共情，如果没有共情，而是尝试"能让人精神振奋的强效方法"，对方就会越来越生气。还有另外一个原因：虽然想到了要共情，但没有做到足够的共情也是不行的。

想要得到足够的共情并非一件易事。严格地说，共情本身并不难，只是我们没有学习过共情的方法，经验也十分不足。韩国人长期生活在威权主义时代，首先学会的是忍耐与压制，而不是共情。"你那么柔弱，以后怎么生存？""不是只有你这么难。只要你上了大学，那些烦恼就能解决。""哭什么哭，你以为你做得很好啊！""有那些时间，多背点英语单词！"在成长过程中，各位都听过类似的话吧？我们重视解决问题的能力胜过共情能力，认为表达内心感受是柔弱的表现，共情能力自然会下降。

几年前，国内外对花样滑冰选手金妍儿比赛的解说成了热点话题。海外解说员对金妍儿的比赛表现赞叹不已，韩国解说员却十分关注跳跃是否到位、落地是否出现失误、技术难度多少分、扣分要素是什么等问题。比起对"美丽"的感受，更在意"得不到第一名怎么办"，这就是差别所在。

其实，我作为心理医生，很多时候也没有做到重视感受，而是养成了一种寻找答案的态度，实在惭愧。情感不是数学问题，如果以逻辑和理性解决为目标，问题反而会变得更加复杂。

既然共情如此重要，我们应该如何做好呢？

步骤1：感受共同的情感

共情的第一步出乎意料地简单，只要和对方产生同样的感受就可以。如果对方感到伤心，就一起伤心；如果对方生气，就一起发脾气。这就是共情的开始。不过，实践起来并非这么容易。因为共情不能只靠意愿或者意志，而是需要关心和能量。根据对方的状态，有时需要竖起耳朵倾听，有时需要和对方一起陷入悲伤，有时需要心脏跳得比平时更快。甚至，如果体力不行，都很难与人共情。如果睡眠不足或因过度减肥导致体力不支，或者是心里留有伤痕，都很难产生共情。没有足够的精力支撑自己，便没有精力用在对方身上。

此外，共情的时候也有需要注意的地方。如果看到有人掉进急流即将被冲走，自己也奋不顾身地一起跳下去，那肯定帮不上忙。共情也是如此。在分享情感的同时，也要保持现实感。想要拯救快被冲走的人，首先要保证自己的安全，才能递上救援工具。

假设一个亲密的朋友向你倾诉了他的烦恼："我今天又被部长骂了！这个月也不知道是第几次了，真不想干了。早上起床上班就像下地狱一样。他是要赶我走的意思吗？我好累啊。"

如果是你，你会怎么做呢？

平时追求合理性的人，此时就会以冷静和客观为武器，试图为对方寻找到正确答案："嗯，对经理来说，在最后期限前收到报告书肯定会有压力。如果我是你，即使加班，也会早点提交报告书。职场生活就是要迎合上司的风格嘛。以你的能力，应该明白这一点啊。"这种人在外面只会命令落水者自己游上岸来。且不说他讲得对不对，由于没有产生共情，听者往往会十分反感。

反之，如果与倾诉者一起陷入暴躁会怎么样呢？——"这已经是第几次了？明天马上写辞职报告！不，你去报复他一下怎么样？要我帮你吗？把那混蛋的电话号码给我。"说出这种刺激性的话，其实是在告诉对方："我就是那个会跳进水里和你一起去死的人。"

真正的共情，除了要与对方产生相同的感情，更应该保持理性：

"真的好无语，那个部长到底为什么只针对你啊？你也一直在努力，他竟然不知道。我作为旁观者都觉得委屈。"

"他自己应该也是从这个时候过来的，难道他当时就做得那么好？谁不想做好啊。真的太过分了。"

这才是合理的共情方式。如果难以做到，不妨这样回答："哦，这样啊。原来有这回事！"配合对方的情绪频率，一起叹息。以这种方式与对方共情，消除不良情绪之后，即可进入第二阶段。

步骤2：一起思考解决方案

下一步就是共同考虑解决方案。

"先吃点热乎东西吧。胃痛的日子要好好吃饭啊！我请客，边吃边聊。"

在这个时候告诉对方"我挺你"，表现出愿意一起思考的态度，对方就会获得很大的勇气。然后再进一步表示"我的情况是这样的"，和对方分享自己的经验，就足够了。做到这种程度就可以缓解对方的情绪，两人的关系也会变得更好。切忌过分热衷于提建议或忠告。

请务必记住，没有第一阶段的共情，就没有第二阶段的效果和意义。对方需要的不是聪明的蓝精灵，而是一个随时可以依靠的朋友。首先一定要有共情。

6. 爱情缺失最终的结果：
越轨

○　爱的缺失带来的结果

关于爱的缺失，大致可以总结如下：爱的缺失意味着安全地带的缺失，这与"自尊心低下""好孩子综合征""自我怜悯"等相吻合，并形成恶性循环。恶性循环的结果是共情能力下降，共情能力下降就意味着付出和接受情感的能力下降。

然而，在这样的恶性循环中，有一件事是永远不会改变的，那就是人对爱和被爱的欲望。人对爱的欲望就像想要吃饭、想要睡觉一样，是与生存直接相关的本能，永远不会消失。只是有的人需求很少，或者可以隐藏，却无法彻底消除。

总是渴望被爱，却没有能力付出与接受，会导致什么后果呢？就像长时间不吃饭的人会暴饮暴食一样，如果长时间得不到爱情，对爱情的渴望也会爆发。只要看到类似爱情的东西，就会赴汤蹈火。换句话说，如果缺乏爱情，就很容易偏离原本应该走的路，即"越轨"（derailment）。越轨是被某种行为、物质或对象所吸引的状态，可能引发暴饮暴食、情感出轨、痴迷、冲动性交往、性上瘾等。

当然，并不是所有的越轨都是由爱的缺失造成的。偏离正轨的原因之一可能是爱的缺失，但爱的缺失却并不会导致所有人都越轨。有些人得到了足够的爱，却做了坏事。因此，经常越轨的人不能以爱的缺失为借口责怪身边的人，或者将自己的行为合理化。

○ "越轨"犹如炸弹

如果爱的缺失是火药，那么越轨就是一种拔掉炸弹安全别针的行为。虽然危险性不是很明显，但是慢慢积累之后，就会在某一瞬间爆发，毁掉周围的一切。越轨的典型行为——情感中的出轨，会瞬间摧毁原本稳固的信任，留下不可磨灭的后遗症。没有什么比遭到信任和深爱之人的背叛更痛苦的事情了。不仅是配偶和恋人，就算是周围亲近的人出轨，也会传播不信任感，践踏希望的火种。

越轨这颗炸弹对当事人的心理健康也同样有害无益。我们有一种盲目的信念，认为只要按照自己的想法去做，就会获得幸福。这是一种错觉。越轨的人会产生一种愧疚感，"用这种行为来安慰自己，我真是一个人渣"。当事人因此变得忧郁，再次陷入越轨的恶性循环。如果认为自己是一个厚颜无耻的人，还会引发自责、羞耻、后悔的感觉。如果羞于忍受周围的指责和冷淡，就会自我辩解："我就是太累了""都是我太孤独了才导致一时失足"等。这种做法反而会加重"厚脸皮""恬不知耻"的罪名，更加恶化自己的名声与形象。期待通过越轨来填补孤独和空虚，结果却适得其反。

越轨而尚未被发现的人也是如此。持续说谎与不知何时会被揭穿的压力都相当大。即使有烦恼，也会因为无人倾诉而变得更加孤独。对任何人都说不出口的痛苦实在太大，以至于有些人在暴露之后反而睡得很安稳。如果配偶发现了该怎么办，会不会很丢脸，还要这样活到什么时候，如果失去一切该怎么办……因为越轨而产生的苦恼接连不断，整天无法安心。

这就是越轨。一无所获，却让自己更加孤独。

○ 越轨者的心理

明知危险，很多人却走上了越轨的道路，原因何在？

首先，这是因为我们的大脑本能地专注于更刺激的东西。大脑比想象中更加简单，分不清好与恶、对与错。状态好的时候会有所区分，更多的时候却会被强烈的刺激所吸引。在无数的指责声中，三流狗血剧依然不断在荧屏上播出，并获得超高人气，就是因为大脑的这种特征。如果A频道播放普通未婚男女的爱情故事，B频道播放同父异母兄妹之间的禁忌爱情故事，显然后者更能吸引观众。

禁忌的刺激就是如此强烈。"吃饭了吗？""你在干什么？"在可能发生越轨的环境中，面对同样的日常问候，身体就会出现敏感反应，每分钟心跳100次变成120次，30秒就能结束的想法持续两个多小时。如果是一个追求刺激的倾向比较强的人，就会在不知不觉中走上不该走的道路。

做出越轨行为的第二个原因，是想要确认自己的能力。"爱的缺失"一词意味着长期得不到认可和赞扬，无法确认自己是一个有魅力、有力量的人，所以想感受一下。因此，如果不够自信或者因为对方的冷漠而生气，那么此刻即使面对轻微的诱惑，也很容易动摇。想要确认自己还年轻，想要挥霍权力，想要验证魅力，于是放松了戒心，将自己拖入危险之中。这种情况下，我们需要以安全、自主的方式满足被认可的欲望。

第三个原因是关系上瘾。换句话说，当事人属于无法独处的类型。这类人在无所事事或者感到无聊时会习惯性地寻找刺激，严重时甚至出现戒断症状。这就是前面所说的焦虑与回避型依恋相结合的形态。这样的人一旦独处，就会产生各种负面想法，如"我不受欢迎""我被抛弃了""就这样一个人老下去，会孤独而死吧"等。这种人执着于回避，但偶尔遇到自己喜欢的人，就会赴汤蹈火。他没有精力也没有兴趣去了解对方是什么样的人，"玩起来不管不顾"。只要能摆脱孤独与心中的饥饿，可以去见任何人，花钱也大手大脚。像这样被情绪饥饿牵着走，难免出现精神疲惫。

最后一种情况下，有的人既没有责任感也没有负罪感。给他人带来痛苦之后，反而夸口说自己是受害者，或者厚颜无耻地抱怨"为什么只对我这样？"不管他们是天生的坏人还是后天所致，如果不断重复这种冲动行为与合理化模式，负罪感与廉耻心就会消失。世界上有很多好人，但也有不值得理解的坏人。

○ 如何避免越轨

想要避免越轨，首先应该谦虚。越是确信自己可以控制局面的人，越容易陷入越轨的泥潭而无法自拔。没有人能够承受越轨的后果。不要被"就一次，没事"或者"那是生活的活力"等谎言所欺骗。说这种谎言的人，只是因为自己的人生被毁掉而感到委屈，于是心存恶意想要拉别人一起下水罢了。

我们要记住，这个世界上没有秘密。我们的每一次行动都有数据记录。除了刷卡记录、到访地点、通话记录，到处安装的闭路电视和摄像头、聊天工具等都留下了痕迹。不是藏得好，没被拍到，而是到目前为止侥幸无人深究，所以暂时尘封了起来。

如果你此刻已经越轨，赶快迷途知返吧。越轨很刺激，却会毁掉生活。如果恋爱是巧克力，那么越轨更像是毒品。一旦开始就容易上瘾，今天不戒，明天更难戒。只要携带毒品就会受到处罚，越轨行为也是如此。就算你只把它放在心里，也会表现得很明显，对健康的爱情产生影响。

越轨的刺激强度极高，会导致大脑负荷过重，从而导致身边的爱情既无聊又腻味的错觉。你会相信"平凡的幸福不是真正的幸福，习惯了的爱情不是爱情"。如果沉醉在越轨中，大脑就会疲惫不堪，不仅损害爱的能力，沟通能力也会全面降低。不要再反复琢磨把越轨合理化，尽快想办法逃离吧。

如果你想知道自己遇到的对象是否是一个即将走向越轨歧路的人，不妨当面提几个问题，以此了解对方的想法。"你怎么看待出轨？""你认为怎样算是脚踏两只船？""生活中遇到倦怠期你会怎么做？""压力大的时候怎么缓解？"这并不是在试探对方。每个人对越轨的概念或者界定标准不同，以后可能会引发严重的问题，最好提前检查一下。

Chapter 4

第四章

摆脱分手综合征

1. 懂得离别，才能好好相爱

○ 别让一次分手毁掉以后的爱情

谈恋爱就像做菜，失败的原因各不相同。有的是因为材料准备不够而失败，有的是因为火候控制不好而失败，也有人因为烹饪方法不得当而失败，更有人因为指挥的人多了反而不知道怎么做了。

前面所说的"爱情缺乏症"是由经验不足引起的问题，就好像没有做饭的经验，所以做得不好一样。因为没有得到过爱，所以即使得到了也不会享受，即使想给也不懂得怎么给，或者只会做慈善而不能给予爱。

但是，即使好不容易把菜做成功了，吃了之后出毛病的情况也是有的。准备得很充分，搭配得也很好，可不知道什么原因，吃完就拉肚子或起疹子，然后就再也不敢吃那道菜，甚至下定决心以后再也不做菜了。不仅如此，还有对已经毁掉的食物感到可惜而不敢扔掉的人、对无辜的食物发泄怒气的人、认为自己不可能做错而把毁掉的料理重新做了一遍又一遍的人。如果将这样的情况与人际关系相对照，也就很容易理解爱情中存在的各种问题了。

所谓分手综合征，是指因有可能分手而感到过度不安或恐惧，对过去的爱情过分留恋或执着，因而表现出暴力倾向及不良情绪。

一旦出现分手综合征，爱情就很难继续，而且整个依恋类型也会出现问题。所以，与分手有关的创伤，必须安全了结。美好的记忆会留下美好的感觉，坏的记忆会留下深刻的教训。只有这样，遇到别人，才能心平气和地去爱。这就是为了成熟的爱情，一定要处理分手综合征的原因。

○ 分手对每个人都很艰难

对于患有分手综合征的人，我想说的第一句话就是："分手对任何人来说都很艰难。"我的意思不是因为大家都很累，所以不要矫情；而是因为分手本身就是很艰难的事情，所以不要自责。许多人在分手后都把原因归咎于自己的性格："别人分手后都很酷，我为什么这么难受？是我太软弱了吗？""我想我太执着了，才会完全放不下。是我有问题，对吧？"

经历了离别的人，常常会把自己当作一个奇怪的人，因而责怪自己。其实在这个过程中，我们可能受到很多方面的影响。有的声音可能在劝说你忘掉过去、勇往直前；有的声音可能断定过度悲伤会成为某种心理问题；也有的声音向你发出忠告，要你把所有的悲伤都当作问题，一个个地加以改正。

但是让我们想一想。当与曾经亲近的人、曾经爱过的人、曾经信任过的人疏远时，会感到难过，这有什么好奇怪的吗？那不是因为你软弱或者性格有什么问题，而是一个非常自然的过程。

我自己也是这样。无论缘分是短暂还是长久，分手总是很难过。随着年龄的增长，我有时会问自己："我长这么大，肯定伤害过谁吧？"在分手的时候也犯过很多错误，可能是沉浸于自己的痛苦，而疏忽了考虑对方的心情。

最近我经常会遇到因为对方的"潜水分手（联系不上）"或"换乘分手（另换他人）"而饱受创伤的人。昨天还好好地见了面，今天就突然联系不上了，或者确认对方正在和其他人约会，天都要塌了。自己喜欢对方的眼光和相信对方的心出现了裂痕，受到严重心理创伤的情况也很多。但如果不能好好治愈这个创伤的话，以后自己也可能对别人实施同样的分手方式。因为太恐惧离别，所以不知不觉地会选择这种方法。

这就是为什么我们要好好地抚平和度过分手创伤的原因。受伤的人容易再次让其他无辜的人成为受害者，因此分手综合征的人比比皆是。如果想要具备稳定的依恋，就必须处理好分手问题。

○ 有些习惯会让伤口更疼痛

与心爱的人分手本来就很痛苦，但有些习惯会加重这种痛苦。只要了解并改掉这些习惯，离别就更容易忍受一些。

第一个是"扩大"。顾名思义，就是把分手的痛苦变成比实际更大的事件的心理。明明只是一次任何人都会经历的离别，却以"会一直这样（forever）""无论遇到谁都一样（whoever）""世界上没有一个地方可以接受我（wherever）"等想法把问题扩大化。

这样做，可以说是在伤口上撒盐。其实，扩大的机制原本是为了应对以后有可能来临的威胁而打开闹钟开关。如果把这个闹钟作为制订对策的契机，就可以很好地保护自己。但是，如果你只是担心而不寻求解决办法，就等于只响起了嘈杂的警笛声而无助于行动，那么首先就要关掉闹钟。

重要的是，当你开始有这样的想法时，你应该立即意识到这一点。你需要告诉自己："现在我把问题放大了，我的痛苦已经超出了必要的程度！"此时，需要回到眼前的现实。到外面去散散步或做做运动都很好。如果是夜晚独自一人在家，就应该停止思考，去睡觉，或者给朋友打电话，使自己的状态客观化。为了从自己的想法中走出来，你需要新的刺激。所以，要积极创造新的刺激。

其次，"理想化"也是分手过程中经常出现的痼疾。这是一种将分手的人夸大为理想对象的心理。例如，把对方想成"我唯一深爱的人""最合得来的人""再也无法见面的人""对我最好的人"等。把不好的记忆全部忘掉，只留下美好和真情的瞬间，进行极端的美化。

虽然离别很痛苦，但仍想留下珍贵的爱情回忆，所以才会启动防御机制。但问题在于，由于防御过度，使自己成了悲剧的主人公，极度沮丧，沉迷其中，苦不堪言，在周围的人看来显得无法理解。以前每天都在吵架、憎恨、伤害对方，分手后却把对方看作自己人生的救星，心痛不已，这也是我们需要放下的一种思维方式。

○ 客观看待分手

　　与上述习惯形成对照的是，那些弹性更好、更易恢复的人善于"客观看待问题"。他们即使遇到困难也不会把问题扩大到破坏日常生活的程度，不会对离别赋予过多的意义，只认为是"爱过但又分手了"。从什么时候到什么时候谈过什么样的恋爱、怎么分手的、分手多久，认识到这些是客观现实，就不会过于痛苦。

　　但这绝不是因为他们太过冷静、没有痛苦，也不是因为他们反复无常而轻易改变心态。对他们来说，分手就像被针扎一下，虽然会疼，但不会像做了手术似的动弹不得。他们假装不在乎，也不去埋怨对方说"我都这么疼了，怎么那根针还好好的"，也不会费力去与对方理论，因此会在较短的时间内恢复。

　　如果想"客观看待"，就需要把发生在自己身上的事情表达出来，并进行观察。这是一个从主观感受到客观体验转换的过程。就像葬礼上的丧主在接受吊唁的时候简单地解释故人是如何去世的一样，对情况进行自我剖白。例如："交往3年的人突然提出分手，让我很受打击，到底出了什么问题呢？""本以为没事，但时间越长越是想你。""你是和我一起度过青春的人，和你分手，就像时间被偷走一样。"用语言或文字表达离别后的状态和感情，与只在心里思考是不同的。在写出来、说出来的时候，大脑的语言中枢就会启动，通过眼睛和耳朵接受这种自我表达，大脑的听觉中枢就会进一步过滤信息。通过这两次过程，大脑的自我净化作用就发生了。当然，一两次剖白不会让伤口全部愈合，但是反复这么做的话，就有助于整理思绪，做出理性判断，得到"我能做的都做了""我们是因为这些事情才分手的""相爱的人走了，但这并不是人生的尽头"等结论。

还有一种方法，就是试着把发生在自己身上的事情想象成发生在朋友或其他人身上。想象一下，如果别人遇到同样的情况，自己会如何判断并给出建议？这样就会更容易找到解决问题的方法。

○ 度过离别时刻的诀窍

不管理由是什么，和自己所爱的人离别都是很难的。据说，即使和没交往多久的人分手，也会经历三天到两周的严重抑郁期，后悔、自责、埋怨等情绪也随之而来。即使只是预感到要分手，想着分手的可能性，也会不开心，有时候还会生气。

但如果已经分手了，与其埋没在感情和伤害中，让身心过度劳累，不如通过前文所说的客观化的方法来寻求解决。此时最好不要为了寻找根本性的分手原因而过于努力或自责。因为想法太多会消耗大量能量，大脑也会疲惫，从而做出不正确的判断。

首先，不要拒绝或抵抗分手的情况。最好是让自己痛哭，或短暂地去旅行。伤心了就哭出来，安抚心情是一个重要的过程。用工作来转换注意力也不错。如果条件允许的话，换个环境也会有帮助，只要改变家具的布置，或稍微改变一下日常生活的程序就会有效果。这是因为大脑为了适应新环境，会先整理过去的记忆。

分手的时候，一定要避免用酒精麻醉自己的行为。酒精对大脑产生毒性作用，会夺走短期记忆。真正想忘记的记忆会保留下来，只有今天喝醉后犯下的错误才会被抹去。如果有人喝酒后恢复了身心的平静，那只能说明开始对酒精形成依赖。还不如好好吃顿饭，给大脑提供营养。

分手了，也应避免在社交媒体上查看对方的生活。如果看到对方活得泰然自若，只会让自己受伤害；如果对方生活得不好，也会产生不必要的怜悯和内心的矛盾。不管对方生活得好不好，分手了就要保持距离，这是顺理成章的事。

最重要的事情是集中注意力，把心收回来。对于陷入悲观和失败主义的大脑，有必要重新制订该走的方向。如果你想振作起来，就大声说出来："虽然很辛苦，但也不见得是坏事。""虽然现在很痛苦，但随着时间的流逝，这是一个很好的选择。""经历了这件事，我一定会成长得更好！"

分手的痛苦是迫不得已和必须付出的代价，但决定是否将这种痛苦变成成长的痛苦，选择权在你自己手里。

伤口总是导致疾病，这是一种成见。心理学中有一个术语叫"创伤后成长"（post traumatic growth）。当创伤不再停留在创伤，而是发展成内心的成长时，经验就获得了新的价值。这就是我们可以从分手中得到的人生财富。

2. 摆脱迷恋，学会接受

○ 迷恋是擅于隐藏的

那么，究竟怎样才能将分手的伤痛升华为成长的资源呢？首先，你必须收回你的迷恋。迷恋很少会带来正面的影响。这是因为，如果想要幸福、有效地生活，就必须集中于当下（here and now），而迷恋会阻碍你做到这一点。

没有人想长期被过去束缚。谁都知道留恋是没有用的。尽管如此，还是有很多人执着于过去。有人因为无法摆脱过去的某些记忆而浪费数年时间，也有人因为留恋而不能向前迈出一步。这是因为，迷恋是非常擅于隐藏的。它在我们心里躲得太好了，即使是感到痛苦的当事人，也多半不知道如此辛苦的原因正是自己的迷恋。比如，很少有人因为"分手后还陷于迷恋之中，很难受"而向心理医生咨询。

迷恋常常隐藏在"迷茫"的后面。最具代表性的是"心爱的人走了，不知道该如何把心收回来""感觉迷茫，不知道该做什么""不知道是否做了正确的选择"等。倾诉这些烦恼的人认为自己是因为不知道应对的方法而烦恼，但真正的问题是迷恋。

如果相爱的两个人中有一人表明了结束的意向，那么爱情的缘分就已经结束了。爱情的开始需要两个人具有同样的心意，但结束却只需要一个人下定决心。如果一方选择了分手，那么另一方即使再难受也要放下留恋，把接受分手作为首要目标。然后，你应该考虑自己如何通过这段经历得到成长，然后为了爱情的再次降临而努力生活。但陷入迷恋的人从第一阶段开始就制订了错误的目标，因此生活会很艰难。

迷恋也会躲在"贪心"的后面。例如，有些人会说"我想再见到那个人。怎样才能让时光倒流？""希望能在远处看他（她）一会儿"之类的话。人们常常认为自己爱得太深，希望能挽回爱情，因为无法放下那份欲望而受苦——但这一切，都只是出于迷恋，是无法接受分手的事实已经发生。

○ 如何辨别自己是否陷入迷恋

所以，如果单纯地对因分手而痛苦的人说"请不要迷恋"，是没有太大意义的。"这算什么迷恋？""这是真爱啊！"固执己见的人是无法说服的。在旁人眼里明明是被过去束缚、抱住空想不放，当事人却认为自己像是崇高的望夫石。不是因为他们愚蠢，而是因为自我认识确实很困难，所以很难自行脱身。

在这个时候，建议大家可以向自己提出一些问题，从而察觉自己的迷恋。人们通常对迷恋有强烈的反抗心理，因此，只要意识到自己的感情是一种迷恋，就能做好接受事实的准备。为了做到这一点，我提出了两个问题。

第一个问题是："这样做可行吗？"如果受到突如其来的压力，大脑就会关闭理性中枢的开关，只启动本能中枢，不考虑是否可行，而是盲目地采取行动。这和在山路上遇到猛兽，明知应该保持冷静，但还是忍不住尖叫是一样的道理。

分手的痛苦本来也是很大的压力，所以我们的大脑会盲目地、本能地奔走。"是不是要向对方道歉？""能不能哀求对方重新开始？"虽然这些问题是可以慢慢考虑的，但也需要认识到现在的感情就是一种迷恋。不妨问问自己，"和已经分手的人重新交往还有可能吗？时光还有可能倒流吗？每件事的处理习惯都能够改变吗？让已经离开的心恢复原状还有希望吗？"这些问题会有助于你意识到自己曾抱有多么不可能的愿望或期待。

第二个问题是："这重要吗？"（有什么意义？）这个问题会让人明白自己陷入了毫无意义的执着。假如你觉得只是想看对方一眼，那就问自己："在远处看一眼，这很重要吗？会有什么不同吗？"如果因为感到气愤和委屈而想追究的话，可以问自己："都已经分手了，追究理由还有意义吗？"如果总是想偷看那个人的社交媒体状态的话，就问自己："无论分手的人的朋友圈有什么动态，微博有什么评论，这对我来说重要吗？"这些问题的答案通常是："没有什么意义。"以上种种都是迷恋。渴望得到这些，不是因为它们有多重要，而是因为无法接受现实，才把自己的精力花在莫名其妙的事情上。

○ 接受，给人一种情绪上的平静

　　有一种情况是绝对不能留恋的，那就是对方明确表示拒绝的时候。这个时候，什么都不用说，要接受离别，不管有没有让对方回心转意的方法。在试着说服他们，充分听取分手的理由，了解再次回头已没有可能后，即使不能完全理解对方想放弃的想法，也要无条件尊重对方的拒绝。留恋只是一个人的执念。说分手却因为不接受分手的现实而发生危险的概率很大，类似情况的受害者太多了。

　　即使是在冲动之下说出分手，有挽回的可能性存在，也是一样的。应该把"没有砍不倒的树"这句俗话从脑海中完全抹去。这是一个必须严肃对待拒绝或分手的时代。

当然，做起来并不像说起来那么容易。有些事不是随着时间流逝就能实现的，也不是随年龄增长就能习惯的。就像多年务农的人对工作的眷恋挥之不去，即使身体衰弱得不能劳动，也不见他们休息，明明一个人走路都很困难，可太阳出来时还是会去田里。家人再怎么劝，对他们说"身体那么难受，种地有那么重要吗？我们买点菜吃就可以了。拜托，你休息一下吧"也无济于事。他们会说："休息什么，就是要活动活动，身体才不会那么疼。"像这样身经百战的长辈，也是很难与长久以来的习惯决裂的，他们心中是深切的留恋。而年轻人要一下子熟练地驾驭迷恋，就更不容易了。

有些人会把"接受"视为放弃。当接受分手的那一刻，觉得一切都将永远结束，因而感到恐惧。快乐的回忆、在一起的时间都变得毫无意义，因而感到不安，一切都化为泡影的空虚感也让人感到疲惫。但事实上，接受并没有那么大的力量，它不能结束什么事情，也不能改变过去，同样不是抹去回忆的行为。

通过接受，我们能得到的是情绪上的平静。这样可以最大限度地减少因无法接受而产生的矛盾和摩擦。通过接受，在不改变原则的情况下，减少负面情绪，人生就会轻松许多。接受不仅能让你客观地看待这个世界，减少无谓的感情消耗，还能为你补充能量。

○ 接受的五个阶段

"丢掉迷恋"和"接受分手"几乎是同时发生的，所以可以用类似的意思来解释。但人们对这两种说法的接受度是有区别的。如果说"丢掉"什么东西，不知为何会觉得很难，如果说"接受"，相对来说阻力会小一些。因此，这里试图用接受的过程来解释如何丢掉迷恋。

接受分手的过程，就像美国心理学家伊丽莎白·库伯勒·罗斯所说的接受哀伤的五个阶段一样：

接受哀伤的五个阶段

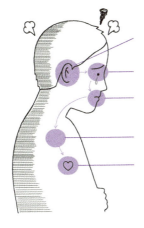

① 否认：不！这不可能。

② 愤怒：我为什么会遇到这种事？

③ 讨价还价：是不是可以再回头？

④ 抑郁：我什么事也做不成，太可悲了！

⑤ 接受：啊，我们分手了！

这五个阶段是：抵触分手的"否认"阶段，生气地问"我为什么会遇到这种事"的"愤怒"阶段，考虑是否有其他可能性的"讨价还价"阶段，想法消极无助的"抑郁"阶段，以及最后终于接受事情已经发生在自己身上的"接受"阶段。

很多人常常无法忍受第二个"愤怒"阶段和第四个"抑郁"阶段而又返回到前一个阶段。所以在分手的时候，调整好情绪是很重要的。

我们的社会还不太习惯"接受"。我们从小就被灌输"只要努力就没有什么不可以"的价值观念，因此试图用不屈的意志解决一切。

这种信念有时会成为一种动力，但在事故和创伤面前也会成为巨大的毒药。世界上有些事情单靠努力是不行的，有不屈不挠的意志也是没用的，甚至反而有害。现在是应该平静地照顾和安慰自己的时候。如果用"不要虚弱，好好打起精神！""都是我努力得不够"来攻击自己，会妨碍我们的接受，还会导致否定自己，让自己变得更加虚弱。有些悲伤不是要去"克服"的，而是要通过接受去慢慢治愈的。

○ 让接受变得简单的"感叹法"

为了收起不必要的迷恋，接受现实，首先要努力把焦点放在当下。"我怎么会经历这样的事呢？"像这样停在过去的话，就会有愤怒或怨言；"会不会留下后悔呢？"像这样想着未来时，很容易出现忧郁和不安。

所以，我们需要使用"将焦点对准现实"的感叹法。具体的做法是，学着说以"……啊！"结尾的感叹型句子。例如："原来那个人是想要分手的啊！""原来人就是会这么莫名其妙地分手啊！""原来再也见不到了啊！""原来对方说'分手吧'是真心的啊！"

虽然这样做不会立刻让人心情变好，但感叹还是挺有力量的。这样做，能让我们客观地读懂现实情况，对自己的情绪有共情的效果，就像有人在旁边安慰、温暖地守护着自己一样。

感叹，本来就是在仔细观察当下之后产生的行为。把注意力集中在美丽的风景上的话，就会发出"哇！太棒了"的感叹，就能在保持稳定的情况下，站在观察者的立场上看待一切。

最有效的感叹，是平静地观察情况后发出的感叹。分手后随着时间流逝，心情变得轻松了一些，就会自然而然地说："最近想得少一点了啊！"但即使先后顺序改变，对于大脑也会起到一样的作用：如果先感叹一下，就会更容易做到冷静地观察情况。比如，分手后可以马上感叹"啊！我们分手了"，大脑就会这样接受现实情况。或者，感叹：

"痛苦得要死，但现在可以忍受了！""这段关系已经成为回忆了，像一部电影！"感叹不是强忍感情，而是将情况客观化，释放感情的有用方法。

感叹的练习在任何情况下都是可能做到的，这一点很吸引人。比如我写作的时候经常去咖啡馆，每次写不出来的时候都会感叹："啊，今天是不适合写文章的日子啊！""啊，这么快就过去了两个小时！"这样做反而会让我觉得很舒服，也会更加专注。

希望大家也能像我一样，练习每次去一个特定的地方时都发出感叹。"这家咖啡店的气氛不错啊！今天的咖啡味道肯定不错吧！""这本书真的很无聊！我再也读不下去了！"比起为"作者为什么要写这种东西"而生气，这样感叹会让自己的心情变得更平和。

小贴士

抛开迷恋的练习

1. 告诉自己的大脑分手已成事实

　　就像背英语单词也需要反复学习一样，为了在我们的大脑中输入从"恋爱中"到"单身"的信息，也需要反复暴露同样的事实。经常念叨"啊，我失恋了！""这样就是分手了啊"，然后我们的大脑和身体就会适应新的环境。

2. 告诉自己"时间已经过去这么久了"

　　分手过后一天，就对自己说"啊，已经过了一天"；过了一周，就对自己说"分手已经七天了"。

　　抛开迷恋的过程，就是老老实实地接受已有事实的过程。

　　但是同样的事实，如果想成"刚刚发生"的事情，就会更让人心痛。比如"分手还不到一个月"，这么近的事情只会让人心里难受。尽量把它转换成往事，堆在记忆的仓库里吧。"啊，本想着一天不见那个人就要死了，这么快就过去了十天，自己还好好地活着呀"——这种想法才是对自己有利的。

171

3. 尽可能积极地解释

　　如果和分手的人一起度过的时光十分美好，那么就告诉自己"我曾经也有过那样的时光""真是礼物般的时光"吧。就像收到礼物的时候会短暂地开心，然后就会平静下来。就算不能和那个人相爱一辈子幸福地生活，但也算得到了一份礼物。和这么好的人一起度过了美好的时光，这绝对是莫大的祝福。保持感谢的心情，对精神健康也有好处。

　　相反，如果和分手的人没有那么愉快的记忆，不妨告诉自己"分手真是万幸"。可以劝自己："重要的是不拘泥于过去，把精力集中于现在吧。"相反，如果对自己说"我为什么不早点认出他的真面目？""啊，为这样的人浪费时间太可惜了！"这样的话，脸就会变形，皱纹也会长出来。后悔的情绪会降低身体机能，也会降低免疫力。既然已经分手了，再也见不到了，就把往事当作是一份幸运吧。如果喜欢对方的话，恋爱是美好的回忆，是人生的幸运；如果对方不好的话，既然已经分手了，也是人生的幸运。这样想，会让心情变得轻松，产生从留恋中解脱出来的能量。

4. 进行需要集中注意力的活动

　　如果之前因为恋爱而推迟了兴趣爱好，现在可以重新尝试；如果之前有想学的东西没学，现在可以重新学习。

分手后，你可能什么都不想做，变得无精打采，这样的状态我很理解，但如果你在沮丧中停留得太久，就会愈加痛苦，你的欲望也会变得更低。因此，即使是没有什么期待的事情，也要尝试着去做，尽量让自己能够改变。

如果读书的话，比起那些艰涩难懂的书，我更推荐读那些容易一目十行的小说、漫画，或者那些因为有趣而让你爱不释手的系列书。用哭或者笑来发泄内心的压力也是一件不错的事情，相对来说，因为这是一段非常感性的时期，所以也可以把推迟的电影或电视剧集中起来看。与其一个人发呆，不如在日常生活中播放自己喜欢的背景音乐。当然，在外面散散步，或者活动活动让身体出汗，也是非常不错的。

3. 离别不是爱情的终结

○ 分手的意义

接受是一种与自己产生共鸣的行为，它可以帮我们摆脱迷恋。接受就像一束光，可以温暖心灵的伤口。虽然这是疗愈的起点，但并不是全部。

那么，修复的关键是什么呢？我认为"思想转变"是摆脱分手综合征的最关键之处。为了说明这一点，我想谈谈小时候养的小狗。

我初中时养过一只小狗，那是一只猎犬，名叫霍克。多亏了霍克，我生平第一次体验到了照顾其他生命的经验，亲自给它喂饭、洗漱和打针。它浑身都是白色和棕色的斑点，非常酷，个头又大，它喜欢和我玩，一天到晚都在等我。当时我非常孤独，话也少，而霍克是唯一让我敞开心扉的朋友。但是，在一个普通的家庭里，养猎犬并不容易。

好像是初中三年级的冬天，父母决定送霍克去乡下的舅舅家。我虽然不情愿，但了解过情况，一番考虑后还是决定这样做。我想，如果没有霍克，我可能会很长一段时间感到空虚，就好像喜欢的电视剧结束或者朋友转学的感觉。不过，我和之前养过的小狗也经历过离别，所以和霍克分开应该不是什么大问题。

然而，那只是我的错觉。离别的痛苦远远超出了想象。也许是因为青少年时期旺盛的荷尔蒙作用，我非常难过，心痛得大哭，人也很烦躁。

当时我突然领悟到，喜欢一件事物就要能够承受离别。给植物浇水时，我想到了不能只期待它开花结果，还要为它的枯萎和变作垃圾的过程承担责任。我感觉对此很有负担，也很担心，下定决心再也不养狗。和霍克的离别使我人生中第一次患上了"分手综合征"。就在不久前，我才再次下定决心领养了宠物狗"饼干"。彼时距离我和霍克分别已经三十年了。

○ 离别的过程也是爱的组成部分

虽然当时年纪小，但通过与亲自照顾的几只小狗的离别，我似乎隐约认识到了分离的意义。爱情有美好的一面，然而，遭遇痛苦、生病、永别，同样是爱情的组成部分。

关系亲密时，任何人都可以做得很好，表现出自己美好的一面。问题是，同样一个人，在分手时却赤裸裸地展现出了本来面目。如果平时对你很好的人突然消失，那么失踪和失联就是他的风格。我们不仅要记得热恋时发生的事情，还要记得爱情冷却与离别时的样子，这一切都是与那个人共度的时光。

真正懂得爱情的人，无论热恋、吵架还是分手都能表现得恰到好处。为了对方而克制住自己不再联系，为了能让对方过得更舒适而尽最大努力结束这段关系，这才是真正的爱情。大学时期看过的电影《我的野蛮女友》，在这方面给我留下了深刻的印象。主人公牵牛与心爱的女友分手后，对她的相亲对象说：这个人如何如何，所以请你如何如何对待她。我当时对于爱情一无所知，却感受到了牵牛真的很爱她。

美丽的爱情，在离别的时候——也就是远去的时候，看得更清楚。好好分手，也是爱情的分内之事。

我要说的也是这一点：我们要把离别也当作爱情的组成部分。处理好离别，爱才有价值，才能为接下来的爱情做准备。尽量有礼貌地分手吧，以彬彬有礼的态度，尊重彼此在一起的时间。离别的方式，能够证明这段时间爱情的质量。

○ 既是成长之痛，也是爱的基石

为了成熟地分手，有必要改变对分手的刻板印象。不要一味认为离别是悲伤的事，是一种痛苦，从而陷入自怜和悲叹之中。

离别是成长的痛。告别童年的自己，才能成为青年；告别青年的青涩，才能成为更成熟的人。离别也是如此。离别后，大脑为了变得更强而产生了各种各样的情绪。此时，你感到后悔、自责、愤怒、忧郁等，这些"负面情绪"其实并没有那么负面。你可以哭，也可以哀叹。当你走过这段旅程时，一个成长阶段也就完成了。如果不是因为离别，你哪有机会体验这些？

离别让你有机会回顾过去的爱情，弥补曾经的不足。"和这个人分手的原因是什么？""我为什么这么累？""他为什么这么累？"好好体验这段回顾的过程，你就会更清楚自己是一个什么样的人，为自我成长奠定更好的基础。

回顾的时间可以帮助你恢复冷静。坠入爱河时，人的理性多少有些麻木，感性占据上风。也就是说，已经沉醉在多巴胺中，沉醉在抑制性物质 GABA（γ- 氨基丁酸）带来的舒适中，对爱情很难做出客观分析。因此，分手会帮助我们摆脱多巴胺的影响，就像是整理错题本那样，可以趁机问问自己通过这次事件领悟到了什么。

最后，通过离别，我们获得了可以与他人共情的宝贵资源。在离别的过程中，会产生无数的情绪：悲伤、不舍、自责、埋怨、过多的期待和留恋、想忘记却不愿忘记的矛盾心态、无法控制的反复无常、摇摆不定、混乱、痛苦等。经历过这些情绪之后，当你再次感到难过的时候，就能更好地理解发生了什么。只有经历过，才能够懂得。感情也是这样。经历过的人，拥有更强的共情力。

我自己也体验过这样的过程。送走小狗霍克的那天，我一边跺脚，一边流着眼泪埋怨："不是说它再大一点就会变得安静吗？不能不送走它吗？"这段记忆至今历历在目，让我更加深切地理解了与所爱之人分开的心情。

爱和离别让我们成长。因为爱而长大一次，因为分手又长大一次。就像树木一样，会有开花、结果、生虫、生病的时刻。年轮的形成需要痛苦的时间，只有这样才能渐渐变成一棵稳重的树。分手时感受到的情绪，是人生中必不可少的养分。

不过，也不能过度痛苦。因此，在接下来的章节中，我们将探讨如何顺利分手，即如何减少伤痛、如何应对戒断症状、如何安全分手等。

创建分手的"错题本"

　　优等生在高考中获得高分的秘密，在于错题本。有没有错题本，成绩会有很大的差别。为了明确地知道为什么做错，避免同样的问题再次出错，写错题笔记是一个好办法。尽管知道这个事实，很多人依然不愿意写错题笔记，因为把错题再拿出来整理是相当麻烦的。

　　所有事情起步最难。还是闭上眼睛，试着做一个分手的错题本吧。写出来以后，情况就会显得更加客观，变得有趣起来。下面是需要在错误答案笔记本上检查的事项：

　　1. 速度：我是不是太匆忙了？还是太放松，把事情搞砸了？以后怎么做才好呢？

　　2. 方向：我是不是有点片面？有没有刻意无视对方发出的信号？以后怎么做才好呢？

　　3. 礼仪：我是不是说话太快了？是不是有些习惯会让人觉得粗鲁？话是不是太多了？以后怎么做才好呢？

4. 对未来的思考： 我和对方的婚姻观是不是太不一样了？是不是时机不对？以后怎么做才好呢？

5. 方法： 爱情的三个要素（珍惜、理解和帮助），我是否正确地做到了？以后该怎么做呢？

6. 其他： 我的衣着、发型、表情、幽默感、语气等，是不是可以改进？以后该怎么做呢？

4. 减少痛苦的分手方法

○ 分手的方法与分寸感的把握

提起分手的方法，想起那些在分手过程中成为暴力受害者的人，我的心情也变得沉重起来。与曾经爱过、信任过的人逐渐疏远已经很痛苦了，还有什么比对方突然变成加害者更可怕的事情呢？从那一刻起，世界就变得不可信了，再次去爱的勇气也消失了。

如果再加上怜悯或者莫名其妙的自责，问题就会变得更加复杂。"他是受了多大的伤，才会这么做呢？""是我做得过分了吗？""应该忍耐一下再见面吗？""这样看来，那个人是不是真的很爱我呢？"像这样，受害者反而陷入自责和自我怀疑的情况也很多。分手暴力的危害远比想象的还要严重。

先说出分手的人容易产生负罪感。但是，有相见就有分离，过了夏天就会有冬天。是和同一个人迎接即将到来的春天，还是在不同的地方播下新的种子？任何人都可能面临这种纠结。所以，不必因为产生了分手的念头而责备自己。即使对喜欢的人产生了憎恨、厌恶、生气等情绪，也不应该自责。感情也像是一种生物，具有不断变化的特性。

"这值得生气吗？""因为这些而感到遗憾，是我太敏感了吗？"其实，完全不必评价自己的感受是否"应该"，因为感觉没有对错，只是自然而然地产生的。

在分手之前，对于与离别有关的情绪，无论是自己的还是对方的，都要无条件共情。如果有了分手的想法，不必指责自己"好不容易坚持下来的爱情，怎么会有这样的想法"。你可以叹一口气："唉，想分手了啊！"就这样自言自语一句，不良情绪就会被消除，理性判断力就会上升。

自己先提了分手，过了不久可能又会想见面。"说分手的是我，现在却想见他（她），太不像话了。难道是我太反复无常，太自私了吗？"这种想法也完全没有必要。想见面也是一种自然的感情，本来就没有逻辑性。有了感情，就不要压抑，有感而发即可："虽然说了分手，但是今天很想他/她。"

即使分手后没有太多的情感波动，也不用自责。分手后的感受没有固定的规则，每个人都有不同的速度和反应。因此，如果内心平静，如实接受自己的这种感受即可。

○ 准备分手，要像拆迁工程一样彻底

交往已久的恋人很少在某一天突然分手。虽然表面上看起来有些突兀，但可能内心已经考虑过千百次了。到不能再拖延的时候，才终于下定决心。自己是这样，对方可能也是如此，想必也会有很多想法，也已经烦恼了很久。在这个过程中产生的无数情绪，十分令人疲惫和困惑。

但是，如果最终决定分手，重要的是要做好准备，尽量减少冲击。如果做好准备，恐惧就会消失，在围绕拒绝而展开的心理战中也会退一步。

分手就像是拆除连接在双方之间的桥梁。有人可能会使用重型设备将其砸碎，可能需要使用炸药，还可能被废旧材料和废铁砸伤。这很危险。但如果放任不管，桥年久失修了，将会引发更大的事故。一旦决定拆除，就只能通过设置遮挡物、竖立指示牌等方式安全进行。

一下子推倒精心建造的桥，可能会引发事故。如果当初建得不结实，更要小心拆除，不然发生事故的危险性就更大。

拆除开始之前，最好是先暗示一下拆除计划即将展开。"我们考虑一下以后该怎么做吧。""让我们找个时间谈一谈。""时间过得真快，我们的关系也可能会发生变化吧。"大脑要接受和消化离别，需要热身和前期工作。要提醒对方意识到可能会分手的情况，并准备对策。

○ 无条件地祝福对方

经常有人担心对方收到分手通知会受到太大的打击或纠缠不已，甚至崩溃。大部分情况都是杞人忧天罢了。为爱情拼命的人自我保护意识很强，感受到分手苗头时，通常会先发出分手通知。

在分手的过程中，原则是以祝福语收尾。分手时逐条提醒自己之前感到的遗憾，或建议对方今后需要改正的地方，都是不可取的。很少有人会服服帖帖地接受这些建议。被通知分手时，人们通常首先会感到震惊、困惑、伤心、愤怒、绝望等情绪，所以，我们也应该谨慎使用刺激情绪的语言，避免辱骂、恶言相向。这样做也是为了彼此的安全。

有些人只有知道了分手理由才能甘心，只有自己想通了才能接受离别。对于这种类型的人，最好是坦诚说明理由。因为不愿意直言不讳或者太累而敷衍的情况很多，其中"我这样做是为了你"这句话尤其容易留下一些不必要的留恋，让分手变得更加困难。与其如此，还是以礼貌的方式坦率地说出想要分手的理由为好。这时的原则是要说出"我的理由"。"因为你如何如何，所以我才想分手。"如果以这种方式把对方作为主语，很可能引发争论和争吵。因此，分手理由必须以"我"为主体："因为我……""我决定……"等，像这样说出自己的情绪或理由。即使这样说，对方也不一定会马上接受，但至少可以减轻后遗症。

再次强调，分手时一定要祝福对方。因为分手本身就是一个情感上非常艰难的过程，所以不可能心平气和地讨论。可能有人会情绪激昂，导致意外事件的发生，所以应该尽量减少冲击。分手时可以说说这段时间感谢对方的事情、开心的事情等，简单地表示问候，并祝对方一切顺利。如果实在无话可说，哪怕说一句"希望你身体健康"之类的客套话也没关系。

○ 旅行是一剂良药

无论是提出分手的人还是接到分手通知的人，我都建议分手后去旅行。如果可能的话，可以去较远的地方、安全的地方，多走走就好，看一看没见过的风景，尝一尝没吃过的食物，感受陌生的语言和陌生人的表情。如果没有那么多时间，就去轻松地散散步，在小区里走一走，或者到附近的山上大声呼喊。

旅行可以直接刺激大脑。它让你接受新的信息，通过行走和移动来刺激你的身体。大脑会通过这个过程提高信息处理速度，从而整理数据。可以说，旅行是一项重启大脑记忆库的工作。该放弃的记忆放弃，该留下的记忆留下，对在恋爱和分手过程中深感劳累的大脑有重整旗鼓的效果。不仅如此，想想在分手后有一场旅行等着你的话，分手的过程也会顺利不少吧。

分手之前通常会有很多烦恼。要不要分手、什么时候说、被拒绝了怎么办，等等，各种烦恼让人头疼。这个时候如果不能马上给出答案，就要进入下一阶段，就是从制订旅行计划开始。就像做考题遇到不懂的题目，不要久拖不决，先做下一道题的道理一样。让我们详细地制订至少两周的计划吧，包括分别后去哪里旅行、去多久、做什么、回来后怎么过，等等。光是制订计划的过程本身，就能消除许多杂念。

当面对难题犹豫不决、头昏脑涨时，最好先解决容易的问题，找到自信。在分手过程中遇到的问题也应该这样解决。机票预订和酒店预订结束的那一刻，很多临别的烦恼都会迎刃而解。因为制订与旅行相关的计划，让大脑工作的节奏加快，刺激了大脑的功能，所以很容易从苦恼中暂时走出来。

让我们再来梳理一下分手过程中要做的事情。顺序如下：提前告知要分手的心情→祝福分手→去旅行。虽然删除曾经爱过的人并不像说起来那么容易，但上述过程会有助于减少后遗症。

在分手前、分手中、分手后确定要做的事情

　　让我们写下以下问题的答案。因为没有标准答案，所以写什么都无所谓。

1. 如果你在考虑是分手还是继续交往，你会怎么做？

　　A. 分开

　　B. 继续交往

　　C. 问问朋友或家人

　　D. 其他（例如，如果未来一年继续烦恼的话，到时候就分手了）

2. 你为什么要和这个人分手？

3. 你为什么想继续和这个人交往？

4. 作为分手前的准备阶段，有必要向对方发送离别时间临近的信号。你会用什么话来发出信号？

A. 我想我们之间很快就会有很大的变化。

B. 我们已经交往这么久了。

C. 我们需要认真考虑一下我们的关系。

D. 有什么不痛苦的分手方法吗?

E. 其他

5. 在分手的过程中, 如果对方问分手的理由, 你会怎么回答?

· 我 _____ , 所以我才要分手。

· 我做这个决定是因为 _____ 。

6. 临别时该说些什么?

_____

_____

7. 写下分手后的旅行计划。

(具体的时间、地点、和谁一起去旅行等)

_____

8. 分手后的两周打算怎么过, 写下具体的计划吧。

_____

9. 分手后的一个月内打算怎么过, 写下具体的计划吧。

_____

5.处理"戒断症状"的后续问题

○ 为什么分手后更难过

我们的身体有一种对恒定性的渴望，想要一直保持同样的状态。爱喝酒的人戒酒后会想回到喝酒的状态，并想方设法地制造喝酒的借口。节食也是如此，虽然想要减肥的心情很强烈，但是身体却想吃原来吃的东西，因为它渴望恒定性。

分手也是一样。你想要和曾经亲密的人继续保持亲密关系，所以分手后身体就会出现戒断症状。耳朵里的细胞催促着我们去听他（她）的声音，眼睛则急着要我们看到他（她）的样子；指尖会渴望触感，有的人还会产生异常的性欲，身体前所未有地发热。离别后的恐惧比离别前的恐惧更为强烈。

还有一个因素叫"习惯强度"。习惯性的行为在某一时刻会成为一种强大的力量。如果是每周末都见面约会的情侣，那么周末的习惯强度就会更高；经常光顾美食店的情侣，只要看到好吃的东西，就会想起分手的人。如果经常去的场所、有回忆的物品、只有两人知道的某种行为等已经成为习惯，那么习惯强度就会很高，而这种强度会周期性达到峰值。分手的夫妇或恋人在一段时间内会感到痛苦，原因之一就是习惯强度，因此，分手后要好好度过习惯强度提高的时期，这一点很重要。

○ 被称为"风暴提问"的戒断症状

酒精戒断症状表现为手颤、失眠、出汗、烦躁等，食物戒断症状表现为饥饿、空虚和抑郁。而分手后，也会出现一系列的戒断症状。

分手后的戒断症状以"提问"开始。"这是正确的决定吗？""那个人现在在想什么呢？""我还能遇到更好的人吗？""我给对方发信息会收到回复吗？""我在别人眼里会是什么样子呢？""要不要屏蔽对方的联系方式？""收到的礼物要不要都还给对方？"

分手后的问题数不胜数。这时，成熟一点的人会提出一两个本质性的问题，然后埋头思考："我是怎么和这个人分手的？"带着这样的问题散步、看书、听音乐。有时他们会去找更有智慧的前辈，努力寻找答案；有时也会自己找到答案，从而让症状得到缓解。

通常，戒断症状造成的问题是"为问而问"，并且缺乏耐性。比如去找朋友问自己分手的原因，然后在朋友还没有回答之前，就会接连提出不同的问题。与其说是想知道根本的理由，不如说是为了平息痛苦的情绪而滥发疑问。

强行停止提问并不容易，但要坚持一定的原则：一次只能问自己一个问题。就像连续向孩子提出难以解答的问题，小孩子会失声痛哭一样，向心软到不行的自己提出问题的行为，只会引发挫折和混乱。如果这种混乱感加重，就会不知所措，陷入更为消沉的状态。

○ 很痛，不代表很爱

分手后的戒断症状并非只有提问这一项。如果对方是个好人，就会对错过的事情感到遗憾；如果对方是个坏人，就会指责自己为什么没有早点察觉。分手的人会感到再也无法恋爱，内心惶恐不安，也会因为想要满足空虚而引发酒精或购物上瘾症。

分手后特别难过的人，往往会产生一种错觉：离别后的痛苦越深越久，就越相信自己爱得深刻。这样想的人经常喝醉到不省人事，不能去公司上班，为了查看分手后的恋人的社交媒体状态而彻夜不眠，然后一脸憔悴地安慰自己："我这么心痛，看来是真的爱过那个人。"他们认为自己是浪漫主义者或纯情派，还会产生成为电视剧主人公的错觉。

很抱歉，离别的痛苦再多、再长久，也不能证明爱得火热。痛苦超出正常范畴，只能说明心智不够健康——这意味着心理的恢复能力下降，也意味着没有为自己设立保护心灵的安全地带。

如果是真正爱过的人，就会因为被爱的力量而拥有恢复的能力。所以，分手后也会尽最大努力回归日常，一切安好，没必要假装痛苦。如果有人因为你过得健康、恢复了幸福而责备你，那就是责备的人有问题。

严重的戒断症状通常在三天到两周之间消失，但各人情况不同，可能更短，也可能更长。每个人经历的戒断症状的强度也不一样。但是，如果严重痛苦以至于无法正常生活，或者悲伤持续两周以上，我建议一定要咨询专家。这可能已经不是爱的问题，而是心理方面的问题了。

分手后应有的态度

当你分手后感到失落、痛苦不堪时，什么样的姿态和心理状态会有所帮助呢？

1. 吃得好，睡得好，走得多

分手之后的三天到两周时间，应视为出现急性戒断症状的时间。特别是分手后的第三天，可能是最辛苦的一天，最好不要做重要的决定或参加业务上的重要活动。之后也会出现注意力不集中、情绪起伏较大的情况。这种时候就像感冒时一样，吃好睡好才是最重要的。吃点补充营养的东西，如果有什么不舒服，就趁这个机会去看病。社交媒体离得越远越好，尽量多在阳光下走走，首先要恢复因分手的压力而受损的身体机能。

2. 学习心理，了解自我

通过相遇和离别的过程，你可以对人有更多的了解。这是花钱也买不到的宝贵经验。通过观察自己的情绪、心理状态，可以对自己也有更多的了解。所以，分手是学习心理学、了解心理健康知识的好机会。

3. 恢复过程是一条曲线

心理恢复的图表形状不是直线，而是曲线。在整个过程中会有特别多的想法，心情也会变得忧郁。没有必要为自己的状态又变差了而沮丧，因为这并不意味着你又回到了原点。恢复过程总是上下波动的，如果一开始每天都感到忧郁，那么忧郁的周期会逐渐变为三天一次、一周一次。但是，偶尔也会有一两次心情严重低落的时候。对有些人而言，这样的状态会持续相当长的时间。这是心情恢复过程中自然而然出现的症状，所以不要轻易说自己的努力毫无用处，也不要因为自己恢复得慢而自暴自弃。

4. 离别的伤痕是人生珍贵的养料

想一想植物生长所需的肥料，肥料本来就是不干净的东西：吃剩的食物残渣、米糠、木头烧剩的灰烬、排泄物之类的东西，聚集在一起就成了养分。虽然看起来不好，气味难闻，但对庄稼或树木的生长至关重要。我们经历的分手创伤也是一样，在受伤的同时，成长也随之发生。我们不是在爱情里遭遇了失败，而是爱过了，也经历过离别而已。

6. 安全的分手方法

○ 分手的诀窍

近年来，通过媒体报道，不少所谓的约会暴力、分手后施暴甚至杀害等事件浮出水面。为了防止这种令人遗憾的情况发生，我想尽最大努力，帮大家分析如何安全地分手。

首先要弄清楚一件事：希望本书的读者不要责怪自己"都是因为我没有用这种方法分手，所以出现了问题"。我写这个章节，不是为了追究受害者的责任。暴力完全由肇事者负责，在任何情况下，都不应试图从受害人身上寻找原因。世上确实存在着坏人，暴力也无法用任何理由来合理化。

约会暴力和分手暴力会给受害者带来巨大的痛苦，而且是持续的痛苦，这是非常严重的问题。即使想分手，也会因为害怕而无法分手，只得强行维持关系，这种情况屡见不鲜。因为害怕暴力反倒不敢分手，简直是地狱般的生活啊。

当然，以我建议的方法分手，并不会让坏人突然变得善良。不过，或许可以帮助你提前切断或尽量减少对方做坏事的机会。希望这些方法能成为安全分手的小提示。安全分手就像是防御性驾驶，虽然并不能保证绝对不出事故，但可以成为基本的保护伞。

○ 安全分手的准则

第一，在安全问题上需要非常敏感地应对。这一点对于女性尤其重要。偶尔有人会产生犹豫不决的想法："我是不是太大惊小怪了，是不是把对方想得太坏了？"千万不要为此担心！你的"以防万一"并不会给对方造成什么伤害。但是，一旦不幸的事故真的发生，你就很难躲过去了。曾经亲密的爱人在分手时突然变了一个人，这种情况时有发生。即使只遇到一次，后遗症也会超出想象。因此，你要尽量保持敏锐。不必被别人的眼光和判断所左右。如果有任何担心的地方，就应该相信自己的直觉，确保万无一失。分手后，这种方法仍然适用。看似眼下接受分手，不久后又实施报复性危害的事情可不少。

第二，在公开的场合分手。人类被拒绝时，会变得极具攻击性。谁也猜不到突然遭遇分手的对象会变成什么样子。在人多的场合，对方也能在一定程度上控制自己。反之，在无人的偏僻地方、车内、只有两人的住所等私密环境下，发出分手通知是比较危险的。

第三，让第三个人在场也是不错的方法。可能你不情愿将两人之间的隐秘故事告知第三个人，但这样做会比较安全。如果将其看作有介绍人陪同的相亲场合，就不会觉得奇怪了。分手时带上朋友、家人或其他熟人也没关系。

第四，无论以何种方式分手，只要有暴力迹象，就要做好诉诸法律的准备。要把威胁的行动、短信、电子邮件等作为证据资料一一收集起来。让人感到模棱两可、不确定是否属于暴力的部分也要全部收集起来。更何况，如果证明存在反复、持续的骚扰或威胁，对这种人就可以加重处罚。用不到这些材料当然是最好的结果，但我们要防患于未然，为自己留下底牌。如果对方有任何暴力的迹象，我们就要有收集证据的意识。

第五，不要独自伤神，多多向身边的人或专家倾诉吧。两个人的关系出现问题，并非只能两个人知道。如果你察觉到了某种危险——无论多么微小——都应该尽快联系附近的人、打紧急求援电话或暴力相关援助中心。强调这是只有两个人知道的秘密，强迫你保证不说出去的人一般都是坏人。他们会吓唬你说："说了也不会改变什么！""如果你告诉别人，我会报复你的，请做好心理准备。"他们用这种方式，企图把你变成孤立无援的人。而当你向别人倾诉的那一刻，你就与外界联系在一起，也就能得到帮助了。这是一个巨大的变化。因为坏人最害怕的就是"和对方在一起的人"。要记得，安全永远优先于耻辱、羞愧和秘密被别人知道的恐惧。

第六，不要试图用折磨自己的方式来解决问题。"如果让他知道我过得不好，他就会离开我了吧？"这种想法很危险，会导致自残或自杀的冲动。你可能希望对方这样想："她是受了多大委屈，才会选择自杀啊。"但是，如果他真能理解这种痛苦，从一开始就不会折磨你了。

我们没有理由被欺负。即使有人犯了错，也应该通过法律而不是个人的力量来惩罚。我们要坚持到底，我们要快乐，身体和精神的健康都要照顾到。没有人应该挨打，没有人应该被欺负。

○ 写给分手暴力的受害者

分手时或分手后经历的恶言或暴行不是能轻易忘记的，这种痛苦的记忆会长久地折磨受害者。这一点让我感到十分难过和惋惜。请记住：无论你经历了什么、遇见了谁，你都是珍贵的存在，没有任何理由受到伤害。你不是因为犯了错误才被打或分手的，是使用暴力的人做错了。不要被坏人口中的逻辑所迷惑：对方不是把话说重了，而是在辱骂；对方也不是出手重了，而是使用暴力的坏人。在世界上的任何一个文化圈，欺负人的行为都是不可饶恕的。

不要责怪自己，不要埋怨自己事先没有察觉——"如果稍微小心一点，就能阻止事情发生吧？"任何人都无法提前预知暴力，被害者也完全没有必须小心的义务。如果有人说"你自己应该小心呀"，这种观点也是错误的。遭受暴力已经很痛苦了，为什么受害人还要承担责任？干脆长叹一口气吧，告诉自己，这一切都不是你的错。

疲惫难过的时候，可以想一想自己的愿望。希望以后能够遇到好人，拥有美好的爱情。不管怎样，时间在流逝，人生这列火车在行驶。希望下一站见到的是好人。报复对方的最佳方式就是好好生活，不必在乎那个欺负自己的人。

第五章

稳定依恋所需的条件

1. 确保准备时间

○ 在"认知"与"行动"之间

前面介绍了依恋类型与不稳定依恋的原因和特征。从现在开始，我们一起学习如何把爱转换为稳定的状态。

心理治疗开始后，来访者会有一段时间可以表达自己。这时，治疗师要做的就是帮助来访者敞开心扉说话，让他们能够说出自己的经历和所处的情况、纠结的事情、内心的伤痕，比如有什么难处、经历过什么事、见过哪些人等。

之所以需要这个过程，就是为了"了解"。即使是最熟练的治疗师，与来访者也是第一次见面。在治疗过程中，互相了解的时间是必需的。因为只有相互了解，才能产生共鸣、安慰，才能走上治疗之路。我们称这个时间为"认知的时间"。

在认知的时间内，来访者会逐渐表达内心的想法，真正了解自己。此前，自己的许多经历都停留在潜意识中，认知的时间里会冒出许多"不知道"的事实。把想法或感情说出来的瞬间，压在潜意识里的记忆就会清晰地上升为意识，产生"原来我经历过那种事情"的感觉。真正的认知，是通过自己的耳朵聆听自己的经历来实现的。

我们读书时也会经历类似心理咨询的过程。读者用眼睛读着文章，进行自我"认知"："原来我的这种情绪是自怜啊。""因为小时候经历的爱的缺失没有解决，所以现在才爱得这么艰难啊。"

认知很重要，因为它是变化的起点。当认知被激发时，就会产生觉悟，从而引发行动力。知道了自己的问题，就会想改正；知道需要改变，才会想去改变。

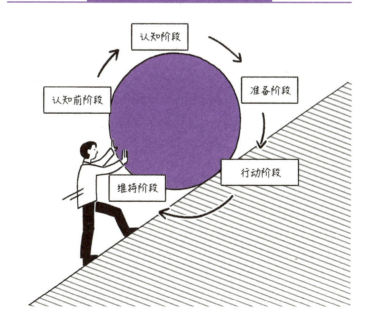

行为改变的五个阶段

认知阶段

认知前阶段

准备阶段

行动阶段

维持阶段

此时不宜急躁。有了认知之后，接下来就是一个有点模糊的时期。我把这段时间称为"热身时间"。就像我们不能一到健身房就立刻拿起运动器材锻炼一样，你必须忍受那些你知道了、想改变，但还没有改变的时期。在咨询室里表达了自己，得到了共鸣和安慰，你却感到疑惑："这样就结束了吗？以后该怎么办？"在认知与行动之间的这段时期，专家们称其为"准备的时间"。

○ 改变的基本功

这个时候应当刻意休息一下。好不容易下定决心改变，要想成功就不能一味突飞猛进，而需要有充分的准备。最好制订计划，参照别人的经验，调整心态和节奏。

在这段时间里，你必须面对在变化过程中遇到的其他领域。如果抱着改变自己依恋模式的心态，只关注依恋的类型，通常会遭遇失败。

这里至少要具备三个条件：首先，你应该创造身体和精神上的能量，以供恋爱时使用；其次，你需要建立起帮助自己度过艰难期的防御机制；最后，你需要建立一个控制塔，控制负面情绪。具备这些条件，虽不一定能成功恋爱，但能成为恋爱时的"基础工程"。

这三点看似与当下的爱情无关，却是绝对不能马虎的事情。事实上，这不仅是爱情，也是所有改变过程中需要夯实的基础工程。当你想赚到钱或者通过某项考试，当你想减肥或者成为擅长人际关系的人时，也应该具备这个能力。现在，让我们详细了解这三项基础工程。

2. 第一个基础工程：
确保能量

○ 先照顾好身体

人生就像是行走在一条无法预测的山路上，时冷时热，容易疲累，还会有野兽出没。找一个心意相投、可以依靠的人一起走，就不会像孤军奋战时那么无聊了。在遥远的路途中，建立一种良好的关系作为陪伴，这就是爱。

在这个过程中，我们需要准备的第一个项目就是"能量"。想要珍惜对方，感同身受，帮助对方，就要有"劲儿"。在身心疲惫的状态下，遇到再好的搭档也难以识别。即使遇到了，也很容易失去或被他人夺走。如果你被单亲育儿、工作压力、睡眠不足等问题所困扰而能量下降时，爱也会疏远。

能量大致分为精神能量和身体能量。精神能量是当你得到他人的爱和共鸣时，就会转换为充电状态。如果有人信任你、感谢你、爱护你、帮助你，你的精神能量就会被填满，这就是一个所谓"充满爱的人"。这里就产生了一个两难的局面：爱情中的问题常常是因为很久没有得到爱而产生的，但想要获得爱情，就必须要有精神能量。

在这个时候，确保身体能量十分有益。如果身体能量充足，一直保持开朗、坦荡的生活，得到他人关心和喜爱的机会也会增多。在这个过程中，自然而然地就会充满了精神能量。良好的精神能量也会对身体产生作用，创造出原本没有的欲望，形成良性循环。反之，就会陷入恶性循环，身体疲惫，欲望和共鸣力下降，魅力也会随之减少。这样就失去了爱的机会，还会因为自责"我怎么会这样呢"而感到压力，导致身体更加疲惫。

爱情很麻烦，关心他人也很困难。因此，如果你内心疲惫，就先补充身体的能量吧。你的问题可能不在心灵，而是身体。尤其是年轻人，在不知道自己有多累的情况下，常常会怪自己热情不足、意志薄弱。然而，仅能维持日常生活的身体，不可能得到爱情。

○　三个浪费能量的习惯

不稳定依恋的人，换个说法就是"疲惫的人"。因为没有安全地带，不能休息，为了抑制不断涌来的不良记忆而拼命生活，很容易感到疲惫。在疲惫的状态下，想要恋爱却无法如愿，再加上通过深夜喝酒、打游戏、看电视剧来缓解孤独感，依恋问题和睡眠问题就会混杂在一起，消耗日常所需的基本体力。

为了好好去爱，就要吃好、睡好、运动好，让身体恢复活力。要打造出能够轻松奔跑三十分钟的健壮心脏，即使称不上强健，也要具备标准水平的身体素质。如果你盼望着激情的爱，却不准备具备这种能付出激情的身体素质，那是多么可笑的事情。一个日夜颠倒、烟酒缠身、胡吃海喝的人，很难拥有健康的爱情。

身体再怎么产生新能量，如果不良的生活习惯让这些能量不断地流失，也没有任何用处。只有减少以下三个习惯，基本能量才能充满身体。

· 无谓地烦恼

很多人不知多少次下定决心，以后不再为无用的事情烦恼，可到了选择的时刻依然苦恼不已。因为一旦遇到烦恼，就会误以为"无用的烦恼"是"有用的烦恼"，有时还会把苦恼和担心误解为思想深刻。以为思考越深越能得出正确的结论，反复琢磨过去的决定是否合适……这类人应该想想自己是否因为无谓地烦恼而耗尽了大脑的能量。

· 完美主义倾向

如果父母试图控制一切，或者具有完美主义倾向，子女大多会受其影响。对自己没有得到的东西产生补偿反应，也会引发追求完美的倾向。完美主义者的特征是：相信感情需要最大限度的节制、觉得如果做不好就不要开始、常有强迫症等。如果有这样的习惯，即使达到了原本的目标，也会想"应该更好一点""早该做到这个程度了"，成就感和休息时间再次被剥夺，自己成为消耗能量的罪魁祸首。

· 无法放弃的倾向

每次与人交往，亲密的朋友都会劝阻你吗？或许他们曾对你说："你反正也不听我的，为什么还要问我？"那么，你很可能因为不懂得在该放弃的时候放弃，白白浪费过能量。不少人相信，改变他人或让他人听取自己的意见，是维护自尊的方法。这一类人需要重温下面这句话："别人做不到的事，我也做不到；做不好就如实说做不好，这样才是成熟的表现。"

○ 如果你不希望自己的能量被偷走

要戒掉浪费能量的习惯，主要需要考虑以下两点：
首先，习惯是一种无意识的行为。长时间地重复之后，就会自然而然地去做，并不知道它对自己有什么影响。所以，改变习惯需要一个过程，把习惯上升到意识层面。要注意到自己有什么习惯，还要认识到这个习惯正在剥夺你的能量。

如果你习惯于无谓的苦恼，那么我建议你把"无用的苦恼令我感到疲惫"这句话写在手机壁纸上，贴在书桌上或床前。只有这样，你才能时刻意识到并处理这个习惯。

接下来，你需要创建其他习惯来替代这个习惯。习惯就像是长久熟悉却又让人疲惫的朋友，真的分开之后，心里空落落的，偶尔也想再见一面。虽然交往得很辛苦，但是多亏了那位朋友，才有了某些回忆与成就。当你试图摆脱完美主义倾向时，也许会产生这种抵触感："放下完美主义的人生，也未免过得太草率了吧？就是因为追求完美，我才被称赞学习好，工作也很仔细……"

没错，应该摒弃的习惯也有其优点。假如那个习惯到现在还没有改掉，必然事出有因，要么让你心情舒畅，要么能够让你有所作为，等等。所以，真到戒的时候，就会害怕。知道自己应该放弃，可真的放弃了又会担心孤独降临。尽管如此，却也不能一直背负着浪费能量的习惯。这种两难境地真让人难堪。

制订替代方案，可以解决这个问题。保留现有习惯的优点的同时，养成不浪费能量的新习惯即可。例如，在无谓苦恼的时刻，可以记笔记或整理自己的思绪；如果你一直是一个完美主义者，那就转变为经验主义者；如果你一直以"没有失误的人生"为原则，今后则有必要转换为"通过失误逐步学习的人生"。

难以放弃的时候也是一样。可以具体地想象离开恋人以后，自己会把精力集中在什么事情上，然后亲自去尝试，这就是变化的开始。这就像是离开一个每次见面都会消耗你精力的老朋友，认识一个充满活力的、有干劲儿的新朋友。在不知不觉中，浪费能量的习惯就会发生改变，新的计划、新的习惯就会形成。

提到制订计划，很多人会说"反正制订了也不会遵守"。这也没错。如果计划必须百分之百地遵守，那也是完美主义的倾向。让我们把目标降低一点：如果原有的计划无法遵守、中途搁置了，那么只要重新设定新的计划就可以了。放弃，也是一种节约能量的方法。

在制订计划时，最重要的一点是，写下"能做的"而不是"想要的"。例如，如果你想要获得强壮的心脏，想不停地跑30分钟，你就不应该计划"每天跑30分钟"。你必须先权衡一下自己目前是否能跑30分钟。制订无法完成的计划只会让人泄气，也会产生莫名的愧疚感。如果想跑30分钟，眼下却连跑10分钟都累，就应该制订5分钟的跑步计划。"可行的计划"比"好计划"更加重要。无法遵守计划并不是因为缺乏意志，而是因为订下了不合理的目标。

制订现实的能量恢复计划

制订计划时，应当把握以下两个重点：

1. 目标应该是可实现的

2. 支持自我评估、随时修改

例如：

1. 第1周

· 饮食计划：每日两餐，夜宵控制在每周两次以下

· 运动计划：每周跑一次，挑战连续跑10分钟

· 睡眠计划：12点前睡觉，智能手机放在别处充电

· 外貌计划：周末一定要敷面膜

· 情绪计划：睡前冥想5分钟，生气时深呼吸

· 其他：每周写两次以上日记，晚上10点后不再烦恼

2. 一周后计划自我评估。如果满分是100分，你做到了多少分？

· 饮食计划得分：60分（勉强完成计划）

· 运动计划得分：90分（做得很好，可以加大力度）

· 睡眠计划得分：80分（还算可以）

· 外貌计划得分：90分（做得很好，继续保持）

· 情绪计划得分：50分（很多时候忘记了，直接睡着了）

· 其他得分：70分（有点吃力，需要降低期望值）

3. 根据2中的分数制订切实可行的计划（第2周）

· 饮食计划：每日两餐，夜宵每周不超过三次

· 运动计划：每周跑一次，挑战连续跑15分钟

· 睡眠计划：12点前睡觉，智能手机放在别处充电

· 外貌计划：平日多敷一天面膜

· 情绪计划：睡前躺着放松身体，生气时深呼吸

· 其他：每周写日记一次以上，晚上10点后不再烦恼

4. 一周后计划自我评估。满分100分，你做到了多少分？

· 饮食计划得分：

· 运动计划得分：

· 睡眠计划评分：

· 外貌计划得分：

· 情绪计划得分：

· 其他得分：

重复以上过程。

3. 第二个基础工程：
完善防御机制

○ 比"和谁在一起"更重要的问题

一段亲密关系结束后，人常常会陷入悲伤、自责、愤怒、后悔等各种情绪之中。如果有幸熬过了那段时间，就会产生这样的想法："我该和什么样的人约会呢？"

然而，在这之前还有一个问题，那就是"我是一个什么样的人"。因为根据每个人优先考虑的东西不同、性格倾向的不同，恋爱的对象也会有所不同。

了解自己的倾向、性格、好恶标准非常重要，尤其是自己在压力上升时如何启动防御机制，比心情愉悦时的反应更值得关注。只有这样，才能了解自己在不同情况下的状态，制订合适的对策。

以我为例。我直到大学毕业，而且是在一段长期抑郁之后，才知道自己的防御机制是什么。别人都说大学是人生的黄金时期，我却总是莫名其妙地内心空洞，过得非常艰难。因为找不到正确的理由，无法理解自己，就更加痛苦。"我就是传说中那种不适应社会的人吗？""站在强者队伍中，我的自卑感很严重吗？"想到这些，难免心存愧疚。

就这样度过了五年左右的时间。有一天，我偶然跟着朋友参加了马拉松联谊会，作为兴趣，轻轻松松开始了跑步，却改变了我的人生。

每个星期天早上，马拉松爱好者协会的成员都会聚集在汝矣岛汉江岸边，简单地打个招呼，做做伸展运动，然后开始跑步。有人结队奔跑，有人中途返回，每个人都可以按照各自的节奏进行。大约一个小时之后，我们在同一个地方见面，拉伸放松，然后分开。没有多余的步骤。集合、跑步、分开，这个过程有一种奇妙的魅力。就这样出去参加过几次聚会之后，我产生了一种"原来如此"的感觉。之前见过很多人，交往过很多人，从来没有感受过这种舒适——处在人群中，却不被打扰的感觉。这种舒适从何而来呢？因为我是"独自一人"！

我并不讨厌与人交往，那段时间却迫切需要独处。在这种情况下，跑步是最好的运动。在悠闲的星期天早晨跑着步，即使比其他人落后很多也无所谓，只需要按照自己的速度，听着自己的呼吸。那段时间的跑步，是一种无与伦比的休息。

○ 防御机制的差异就是人的差异

有些人像我一样需要独处的时间。即使运动，也不会参加团体比赛；即使上台表演，也只能独唱或者独奏。写作虽然并不容易，但是可以独处，所以写、改、写、改，这种艰难的过程也是值得忍受的。

参加马拉松联谊会之前，我并不知道自己具体喜欢什么、不喜欢什么，所以很难与人沟通。如果发生矛盾或争执，首先应该自己调整心态，我却只想通过对话来解决。即使在非常生气的情况下，我也试着与对方交谈。我听说对话很重要，所以认为即使很累也应该这样做。我试图用不适合自己的方法来解决各种不方便和困难，结果是显而易见的。好不容易说出口的话变得越来越恶毒，只给彼此留下了伤痕。我不太了解自己的性格，平时相处得很好，一吵架就表现得很凶，恨不得立刻分开。对方可能会觉得我突然变了一个人。如果我在当时能够说一句"现在不行，请给我几分钟的时间"，那该多好啊。

防御机制，简单来说就是"面对困难时反复出现的行为"。疲惫时大喊大叫的人，遭到朋友无视时会大喊大叫，饥饿、疼痛时也会大喊大叫；疲惫时闭口不言的人，在同样的情况下也会通过沉默来自卫。这种防御机制会成为习惯，习惯又聚集成性格。我们经常会听到"因为性格差异而分手"的说法，严格来说，应该是"因为无法忍受对方的防御机制而分手"。

所以，想要理解和亲近他人，必须协调自己的防御机制。像我这样产生压力时习惯"独处"这一防御机制的人，与习惯"面对面对话"这一防御机制的人在一起，难免会产生矛盾。渴望独处的人在疲惫时很难对话，想对话的人则觉得对方不正视问题，是在刻意回避。

一个面对压力习惯酗酒的人，与一个通过画画、散步、冥想进行防御的人结为夫妻，会是一种什么样的情景呢？也许夫妻吵架之后，一个人会叹息着拿出酒瓶，另一个人则出门散步。相反，无论在什么情况下都想通过幽默带来欢乐的情侣，或者热爱美食的情侣就会相处得很好，因为双方的防御机制是合拍的。

人们通过自己的习惯和方法来解决压力。有些人想快速了解原因；有些人想把问题简单化，保持距离，慢慢接近；有些人相信世界自有规律，一切都会水到渠成。防御机制是长久以来的习惯，难以轻易改变。如果不了解双方的防御机制，就会产生巨大的感情隔阂与不和谐。很多人因为防御机制的不健全，关系出现了严重的裂痕，却依然抱着"生了孩子就会变好""随着年龄的增长会变好"等各种不可能的期待而迟迟不愿放手。

○ 不成熟的防御机制与成熟的防御机制

关系亲密、相处良好的状态下，任何人都不难表现出成熟的态度。但爱情的成败在危机之中才能见分晓。防御机制之所以重要，就在于此。

使用何种防御机制，可以决定一个人的性格或品格。即使压力再大，如果你用暴力或攻击他人自尊的方式来自卫，那么你就是还没有准备好去爱的人。你应该暂时推迟爱情，花费时间和金钱去寻求专业人士的帮助。

不成熟的防御机制具备以下代表性特征：责怪别人（"都是因为你"）、挑拨（"你知道他在你不在的时候说了什么吗？"）、行动化（辱骂和暴力）、煽动他人爆发（"你也很烦吧？打啊！打吧！"）等。

防御机制成熟的人，不会与防御机制不成熟的人在一起。忍受一两次之后，如果对方继续下去，成熟的人就会明白"那个人的防御机制是责怪别人"，然后适当疏远。因为我们知道，不成熟的防御机制只是度过危机的权宜之计，它会制造新的矛盾。因此，责怪他人、爆发、背后说坏话的防御机制，最终只能让你遇到类似水平的人。想要遇到好人，首先要做一个好人，这个真理在哪里都讲得通。

成熟的人会使用一种叫作"升华"的防御机制。即对于社会不能接受的欲望或感情，通过艺术或宗教等高层次的活动来释放。诗人会用精练的文字表达离别痛苦，黑人乐手用爵士乐表达经历不幸时产生的忧虑与愤怒，这些艺术活动就是升华的典型案例。

善于升华的人，会把一个艰难、痛苦的事件转换成生产性活动。经历磨难时，他们会试图从事件中学到一些东西，并从中有所领悟。生活中遇到的无数问题和低潮，都不只存在消极的一面。下一次发生类似的事情时，可以吸取教训，发挥自己的力量，强化并记住积极的一面。这和那些把微小压力看作"更坏的事情的前兆"或者"这是我不争气的证据"的厌世者有很大不同。就像通过制作错题本来提高答案正确率的学生一样，好好对待过去的痛苦，可以创造出生产性的成果。

我们必须抽时间释放被压制的攻击性和自主性。不要单纯地排出压力，而是要把压力当作燃料，创造出新的价值，这就是升华。从这个意义上说，建议大家多多进行艺术活动或身体锻炼。在这段时间里，你要作为一个艺术家或者运动员，在世间的风雨中获得自由。如果想起讨厌的人，不妨打打沙袋；下班时带着远离公司的喜悦去骑骑自行车也不错。将琐碎的日常转化成文字，制作属于自己的写作笔记，也是日常生活中的升华方法。从今天开始，看看自己的防御机制是什么，升级一下吧。这样一来，与你相配的人也会提升一个等级。

检查防御机制并纯熟运用

防御机制属于无意识的行为，所以本人通常并不知晓。让我们参考下面的例子，仔细回顾一下自己面对压力时的想法和行为，了解自己的防御机制。如果是接近升华的方式，就努力维持；如果有不足的地方，就朝着自己想要的方向改变吧。

了解自己的防御机制

1. 回想最近倍感压力的五件事。

    a. 父亲催婚的唠叨。

    b. 关系疏远的同事在走廊里对你视而不见的行为。

    c. 咖啡厅服务员下错单，端给你一杯莫名其妙的饮料。

    d. 照镜子发现自己长了很多白发。

    e. 躺下睡觉时，想起了已经分手的恋人，十分生气。

2. 写下自己在每种情况下的反应，以及如何放松心情。

    a. 告诉父亲别再唠叨，表示可以自己处理，然后一个人进房间看电影。

b. 和亲密的同事说对方的坏话。

c. 表面上笑了笑，但内心有点恼火。

d. 叹息并无奈地接受。

e. 在想象中报复那个人。

3. 在以上方法中，选择最不满意的一种，并写下原因。

b. 和亲密的同事说对方的坏话。

理由：因为我觉得自己的形象会变差。想到这个同事此刻站在我这边，但是不知道以后会有什么变化，这让我感到不安。

4. 在以上方法中，选择最喜欢的一种，并写下原因。

d. 叹息并无奈地接受。

理由：没有伤害别人，我心里也踏实了。

5. 写下以后面对压力的行动计划。

· 平静地深呼吸。

· 即使被父亲唠叨，也不会发脾气，而是简单说一句"我会自己处理"。

6. 履行以上计划。

写下你自己的防御机制

1. 回想最近令你倍感压力的五件事。

    a.

    b.

    c.

    d.

    e.

2. 写下自己在每种情况下的反应，以及如何放松心情。

    a.

    b.

    c.

    d.

    e.

3. 在以上方法中，选择最不满意的一种，并写下原因。

原因：

4. 在以上方法中，选择最喜欢的一种，并写下原因。

原因：

5. 写下以后面对压力的行动计划。

6. 履行以上计划。

4. 第三个基础工程：
建立情绪控制塔

○ 思想的改变就是人生的改变

我曾经参加过认知行为疗法的专业研讨会，学到了很多东西。其中将我们的生活划分为四个要素（事件、想法、情绪、行为）的理论，给我留下了相当深刻的印象。该理论的核心是：虽然已经发生的事件无法改变，但是如果改变由该事件引发的想法，情绪就会发生变化。如果情绪发生变化，行动也会发生变化。

我把这个概念运用到了自己的生活中，效果非常好。特别是对戒酒有很大帮助。过去，我感到压力时会觉得"无法面对"，然后自然而然地去找烟酒和油腻的食物，以缓解压力为名，把健康抛在脑后。自从参加完那个研讨会之后，我就不再觉得"无法面对"，而是努力思考其他的应对方式，比如"快回家躺在床上休息吧""今天晚上该跑一会儿了"等。一想到这些，情绪就会立刻平静下来，饮酒和饮食习惯也随之发生了变化。

我将这种方法应用到了不同地方，养成了习惯，在任何情况下都不拘泥于一种思维，而是会想出各种对策。如此一来，后悔和自责的频率也显著降低。生活中经历了什么事件固然重要，但更重要的是我们对事件做出的反应。即使经历了同样的事情，你的感受也会随着想法不同而发生变化，继而引发态度与行为的转变，人生就会朝着完全不同的方向前进。

○ 情绪：思想和行为之间

从上述理论中，也可以找到很多人情绪控制失调的原因：一心只想控制情绪，反而很难做到。"我觉得自己是一个孤单的人，很伤心。人生终究是孤单一人，有没有什么办法可以不孤独？"心存这种想法的人，无法战胜悲伤的情绪。想要改变情绪，首先要改变思维。所以，你必须把"我并不孤单"和"有人在乎我"这二者联系起来，才能摆脱孤独和悲伤。

那么，我们为什么一直没有控制好思维和情绪呢？这是因为我们的大脑会集中关注负面情绪。当你感受到负面情绪时，大脑中一个叫作杏仁核的部位就会活跃起来，这个部位与调节心跳和呼吸的自主神经系统紧密相连。因此，如果你感到不安，便会心跳加速，气喘吁吁，还会做一些与之相关的噩梦。即使时间流逝，依然记忆犹新。

另一方面，当有好事发生时，大脑的快乐中枢也会做出反应，从而产生幸福感，但相对来说不会持续很长时间。罪魁祸首是与幸福相关的神经传递物质——多巴胺。这种物质具有强烈的作用，但持续时间并不长。简单地说，人的习性是，好的记忆很快就会忘记，坏的事情则会全身心地接受，并且经常回味。

据说大脑的这种运作方式根源于很久以前人类在自然界生活时期的经验。"如果你去某个地方，你可能会死！""附近有人受了重伤！"人类当时需要与猛兽争夺食物，所以这种想法根深蒂固。即，只有把注意力集中在消极情绪与记忆上才有利于生存。

所以，为了过上稳定的生活，你需要逆着这种本能去控制自己的情绪。心存怨恨、乱发脾气，会对周围造成不好的影响，个人形象也会变差。不加调节地盲目发泄情绪，不是坦率，也不是洒脱，只是自私而已。

某件事发生之后，即使不如所愿，也要记住：情绪的责任人是自己。如果产生了"都是那个人的错，我才这么生气！"的想法，你就会成为一个把责怪别人当作防御机制的人。

尤其是在人际关系中，你有多喜欢对方并不是很重要，更重要的是你有多么讨厌对方。恋人之间也是如此。发生矛盾的时候如何少伤害对方，决定着关系的命运。如果吵架时可以心平气和，分手时也会少一些伤痛。

○ 如何才能不被情绪左右

随着社会的进化，人类的大脑已经没有必要强烈地记住那些坏事。营养充足、记忆力增强了，重要的事件自然而然就能留在记忆中。现在，你不会再遇到威胁生命的猛兽，也很少接触毒草。只不过，"全身心记住坏事的本能"还是让那些事情在我们的大脑中挥之不去，让感情变得艰难。

我们可以通过以下三个问题，学会如何不为情绪所左右。每次遇到事情，可以准备三种反应与自我对话：

第一，不管发生什么事，自问"这是好事吗？"举个例子，如果听到对自己有好感的人的告白，或者在职场中升职了，那么就先说一句"这是好事啊"。好事要当作好事处理，反正好情绪会在三天之内消失，能享受的时候就尽情享受吧。

第二，如果不是好事，自问"这是可能发生的吗？"如果有人指责自己，或者晋升失败，或者被分手，肯定不是好事。这些事情会给你带来痛苦，但是谁也不能保证这种事永远不会发生在自己身上。此时，我们可以告诉自己："有这种可能。"比起暴怒，你会更容易接受这种结果。

第三，生活中不该发生的事情也会时有发生。例如，家人突然离世、损失巨额资金、遭到信任的人背叛等。这些当然不是好事，也很难接受，让我们把这些事称作"出乎意料的事"吧。如果遇到各种出乎意料的事情，在愤怒或虚脱之前，应该做出如下反应："天哪，世上果然什么事都有！""哇，真是难以想象！"这样就能让你的大脑平静下来，不会导致消极的想法。

已经发生的事情，再怎么回想也改变不了。冲击是不可避免的，但没有必要将这种情绪与消极的想法联系起来。也就是说，在埋怨为什么会发生这样的事情，或因为这种事情而感到沮丧之前，建议先使用以感叹号结尾的句子。只有这样，才能对自己的感情产生共鸣，才能阻止想要爆发的不成熟防御机制。这样做，就是在用新的想法转移情绪。

这种方法不同于压抑情绪。不管情绪是好是坏，只要你把它压抑起来，它就会在某个时候爆发。反之，把情绪一点点分散发泄出来，就会变得相对安全一些。不要等到忍无可忍才向心爱的人爆发，制造更大的麻烦。要养成让情绪一点点散发出来的习惯。

如此看来，人生无非就是由好事、可能发生的事，以及那些出乎意料之事组成的吧？让我们用新的自我对话创造新的事件，期待新的人生吧。

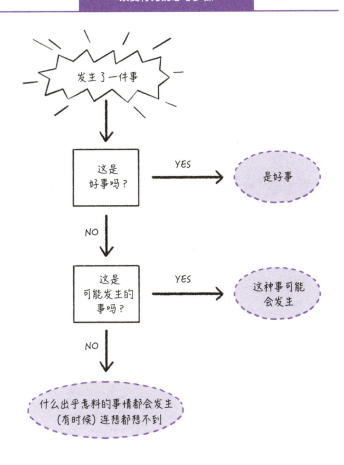

创建情绪日志

只要人生还在持续，情绪就会川流不息。但是每个人都有一种敏感且经常产生的情绪，即"核心情绪"。假如知道这种情绪是在什么情况下产生的，该如何对其做出反应，人生就会变得简单，因为这样可以减少因承受超出需要的情绪而消耗的能量。

为此，我们有必要记录和检查我们平时经历的情绪有多频繁。让我们看看记忆深刻的事件、当时听到的想法、感情和行动，然后决定以后会有什么反应。虽然人生不会一下子改变，但本人的情绪很珍贵，所以要像护肤一样关注并制订对策。然后你就会发现，自己可以在更稳定的状态下度过每一天。

那件事到底是什么事？

①好事　②有可能发生的事　③出乎意料的事

日期	情况	当时的想法	当时的情绪	当时的行动	此事分类	以后再出现这样的事情会有什么反应
6.1	妈妈的担心和唠叨	妈妈怎么到现在也不相信我？	委屈	顶嘴	②	当妈妈的当然会担心我。
6.2	没来由就发脾气的恋人	为啥冲我发脾气？	上火	斥责	②	人活着也会有无缘无故发脾气的时候。要先喝点什么吗？
6.3	职场中来自上司意外的表扬	怎么突然这么说？又有什么鬼主意？	惊慌失措怀疑	说着"哦？"然后躲开	①	谢谢您的夸奖。虽然有点意外，但还是谢谢您。
6.4	恋人突然一天都不接电话	我好像被甩了。	生气伤心愤怒	反复地打电话	③	一直不接电话。真是啥事都有。反正不接，那我就一个小时打一次。
6.5	被朋友在背后捅刀子	他也太狠了，竟然会这么做！	惊慌失措愤怒	打电话劈头盖脸地斥责大喊大叫追问	③	他是个不错的朋友，肯定有他自己的理由。以后冷静下来找机会好好问一下吧。

感到怀疑时应该考虑的事

我们可能会遇到这样的问题："那么努力有什么用？那个人会改变吗？"如果我们控制情绪、改变语气、改变心态，人生就会因此而发生改变吗？尤其是，如果和漠不关心的配偶、恋人维持着亲密关系，就会随时产生这种怀疑。

"这种事我没试过吗？都试过了，他还是那副样子。""按照老师说的去做，我真的会被爱、变得幸福吗？如果你保证，我就照你说的做。"这种质疑的话，我听过很多次。

当然，有的人就是不会改变。即使你付出再多的爱，有些人也不懂得感谢。你再怎么改变，也会有人消极回应。"随你便，反正我不会有任何改变。"这种说法的确垂头丧气，放弃爱情在所难免。

尽管如此，我依然主张不能放弃。因为与爱有关的问题会逐渐蔓延开来。就像夫妻问题会演变为子女问题，家庭问题会演变为邻里问题一样，没有爱的生活会让人心力交瘁，陷入莫名的不安和无助。毕竟，如果忘记了如何与人亲近，就容易依赖酒精或药物，沟通的能力也会显著降低。

我把这种情况称为"向下的自动扶梯"。如果不努力，放弃了爱的能力，非但无法保持原样，反而会每况愈下。要知道，人不是"做了各种努力却没有任何改变"，而是"做了各种努力才得以维持现状"。

　　换言之，这种现状也有其积极的一面。虽然表面上看不出来，但只要继续原地行走，腿部肌肉和心肺耐力都会得到锻炼。即使得不到"感谢"，即使无法引发变化，也并非毫无意义。

　　世界上最美好的是被爱的感觉，其次是爱别人的感觉。如果不能如愿以偿地被爱，就算退而求其次又怎样？不要因为怀疑而停滞不前，让我们一步一步地向爱前进吧。

第六章

从五个维度培养爱情力

1. 亲密的能力：
在岛与岛之间架起桥梁

○ 先试着亲近一下

我很喜欢的一档电视节目叫作《世上没有坏狗》。宠物犬的习性看似永远不会改变，但随着训练师的训练，却会发生180度大转变，每次都让人感到既惊讶又有趣。这个节目中还有一件事吸引了我的注意，那就是训练师们每次见小狗都会准备零食、玩具和散步用的绳子。我从中发现了亲近的重要性。改变小狗的习性之前，首先要让小狗向训练师敞开心扉。如果小狗不愿敞开心扉，任何高级的训练都是无用的。

人也一样，想要相爱，首先要亲近。亲近是一切关系的开始。虽然亲近并不代表一定能交往或相爱，但不亲近是绝对不能相爱的。从打招呼开始，找到共同话题，打开对话之门，然后一起吃东西等，都是相互走近的过程。只有熬过生疏的时间，探索和了解彼此是什么样的人，建立了信任，才能进入下一阶段。第一次见面的时候，能给人留下良好的印象就算成功。商业战略亦是如此。如果没有基本的亲密关系，说服、谈判、交易等都难以进行。

"一见钟情"的问题在于忽略了"亲近"的过程。很快喜欢上一个人，并以积极的态度看待他，这并不是坏事。但"一见钟情"的人往往在彼此变得亲近之前已经开始期待尽快得到对方的好感和认可，这就是问题所在。急躁地要求对方做出反应或者对此怀抱期待，必然会感到失望，最终还有可能引起对方的反感。

不要忘记，相爱是相互关系的延伸，单方面的要求会使好感变为反感。

○ 亲近需要时间

有些人独自生活过久，或是习惯了孤独，只剩下对爱情的幻想，难免会不安而急躁地做出"不成功便成仁"式的告白。"我不知道怎么迂回，如果爱你就用最直接的方式。"他们以此来自我标榜，但在别人看来，只会成为不懂得何为慎重的可怕之人。

如今这个时代，我们结识了新朋友之后，首先会通过查看聊天工具和社交媒体来了解对方是一个什么样的人。一旦对方突然表示你是他一直寻找的理想型，或者反问

"你对我的哪些方面不满意"，你自然会觉得无礼，进而自我防御。有人一直在盯着自己，这本身就令人毛骨悚然。特别是将工作中的亲切交流误会为私人感情，也非常令人头疼。

仓促表白的背后，通常隐藏着自卑感。"就算被甩，也要快点被甩。"当今世界便利了不少，人与人之间变得亲近却需要更长时间。一见钟情、如火一般的爱情非常不现实，现在连电视剧中都不怎么出现了。即使是一见钟情，要想真正建立关系，也需要磨合的过程。

那些具备了亲近能力的人，很容易迈过这段不温不火的时间。虽然不是很熟，有点小尴尬，但可以小心翼翼地接近对方；即便未能得到爱情，也没有失去什么，负担不重。我们必须学会平静对待这个过程。

○ 投其所好，一起玩，学会宽容

亲近过程中最重要的一点是了解"对方想要什么"。即，关注的对象不是自己而是"对方"，重点不是"正确的"而是"对方想要的"。假如之前的恋人因长期失业而陷入挫折和无助，而你想要和对方修复疏远的关系，应该怎么办才好呢？这时要考虑对方的需求，而不是自己的想法。也就是说，不要因为自己想看到对方努力的样子，就鼓励对方"加油"。如果他想哭，就让他哭；如果他想独处，就让他独处；如果对方想要共情，就给他共情；如果对方想要倾听，就安静倾听；如果对方想要你装作不知道，你就装作不知道。只有这样，你们才能变得更亲近。"你还年轻！不要气馁，继续加油，你能做到！"人们常常对那些多次考试没通过的人说出类似的话，但对方真正重新振作起来的情况并不多。如果不知道该说什么，不如默默地看着对方，点点头握握手，一起吃顿饭，也许会比任何安慰的话语更有力量。

你想帮助所爱之人，但单方面的行为或者站在自己立场上的行为反而会阻碍彼此的亲近。想在短时间内改变他人的感情，会给对方造成很大压力。让我们记住，急切的态度是亲近的天敌。如果你真的不知道对方想要什么，就亲自询问，然后配合对方。这是打开心扉的第一把钥匙。

其次要安排"一起玩的时间"。只有平时玩得好，才能产生好好生活的欲望；只有一起玩，关系才会好。不是单方面的牺牲，而是双方找到快乐的交集，这样才能变得亲近。如果想和喜欢运动的人亲近，就和他一起运动；想和喜欢流行音乐的人亲近，就应该多了解他喜欢的偶像组合。因为这个原因，在联谊会中认识的情侣，往往比在工作中亲近的情侣更有利。在一起过得越快乐，彼此就会越亲近。

那些懂得自我解嘲的幽默之人，比看似无所不能的聪明人更受欢迎，就是这个原因。说白了，爱情就是寻找一起度过快乐时光之人的过程。

第三点是，相处过程中需要宽容。在彼此接触的过程中，可能会发现一些以前不知道的缺点。你可能以为对方很勤快，却发现对方也有懒散的一面；你可能喜欢对方的体贴，却意外发现对方也有冰冷的一面。每个人都有两面性。因为看到了与自己预想不符的一面而过于警惕或计较，就会阻碍彼此的亲近。这时，你需要适当的宽容。如果做不到，原本亲近的关系也会很快疏远。"至今为止，我看到的都是假象吗？你一直在欺骗我吗？"这种怀疑会撼动亲近的基础。

在这本书的开头，我曾经说过"两面性"是爱情艰难的原因之一。相爱之后会了解对方不为人所知的另一面，这是爱情的特征。适当宽容，是一种特殊的技能。不是那个人变了或者欺骗了我，而是我了解了他的本性。我们往往认为很了解自己，但偶尔也会有意想不到的发现吧？无论是谁，想象与真实总会略有不同。点头之交暂且不谈，如果想要发展为特别的关系，则需要有一颗宽容的心，才能变得亲近。

小贴士

培养亲密能力的练习：预测对方想要什么

亲密能力的核心是符合对方的需求。遇到了想亲近的人，不能总是问对方想要什么。因此，如果平时具备类比和推理他人需求的能力，就容易与人亲近。

如果此刻身边有家人或恋人，不妨思考一下他想要什么，然后进行推理。综合考虑他的状态、这几天的情绪走向、今天发生的事情、现在的时间等所有因素，预测他现在想听什么话，递给他什么东西他会喜欢，然后试着做一下。如果对方反应良好，则表示成功；如果反应不理想，那就期待下次。

这种培养亲密能力的练习，就像磨炼超能力一样，需要认真进行。想要做到这一点，重要的是在心平气和的状态下进行。因为我们还没有办法在不安或者焦虑的情况下熟练地发挥这种能力。

给自己认为现在想要问候的人打个电话。如果有朋友遇到了特殊情况，想想自己遇到类似情况时的心情，然后思考朋友此刻需要什么。通过这类方式一点一点地练习，不仅十分有效，还会收获人心。

2. 拒绝的能力：
移除危险物品

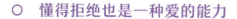

○ 懂得拒绝也是一种爱的能力

　　亲密能力增强，人生快乐也会加倍。关系普通的人变得像老朋友一样亲近，感觉如何呢？一定很暖心。然而，凡事讲求限度，过犹不及。有能力搭一座桥通往名为"他人"的岛屿，固然很好，但是为了建成爱情的桥梁，展开顺畅的交流，还需要有消除危险因素的技术作为后盾。

　　就算是爱人之间，也会存在禁忌。其他人可能会悄悄亲近我们，我们的内心也会涌动着出轨的欲望。我们需要一种技术来切断这些东西。特别是恋人之间的桥梁，一次只能架一座。如果想要再架一座桥通往新的岛屿，那么与原来的岛屿之间的桥梁就可能倒塌，因为爱情以独占性为基础。

　　所以，另外一种能力也是很重要的，那就是与不爱的人保持距离的能力。滥情的人无法得到信任，魅力也会下降。懂得拒绝的人就算是有点刻薄，也比对世界上所有人都很友善的人好得多。

拒绝能力固然非常重要，但是该拒绝什么、如何拒绝、拒绝到什么程度，没有明确的标准或答案。作为参考，我认为拒绝能力的原则是："不能给的就不给。"必须忠实于这一主体性原则，底线很重要。如果只关注他人的感情，就会变得优柔寡断。"如果拒绝他，他会不会很难过？""他会不会讨厌我？"担忧之余，总是会付出能力范围之外的东西，很容易成为软柿子。

出轨也是如此。没有人会明目张胆地诱惑你说："从现在开始，我们开始出轨吧！"我们必须在平时划定底线，定好标准。大多数出轨的情况都是到了覆水难收之时才被当事人意识到。所以，提前设定自己的底线非常有必要。

○ 为什么拒绝那么难？

拒绝能力弱的人通常很善良。他们大多性格温顺，想帮助别人，不想给别人带来不便。他们明知拒绝是必要的，但又害怕对方受到伤害，是一些胆小的和平主义者：即使不想喝酒，也无法拒绝朋友的建议；即使已经有了其他安排，依然难以拒绝上司的要求。他们看似心地善良，懂得体谅他人，但他们的恋人却深受其害。唠叨几句难免遭人诟病，保持沉默却又难掩怒火。

对他人的评价过分敏感的人，同样不懂得拒绝。他们害怕放弃好人的形象，没有信心拒绝身边潜在的逼迫或压力。"如果别人说我谈恋爱之后仿佛变了一个人，我该怎么办？""这次凑合忍一下，下次就会不一样了。"这种想法只会消磨自己果断拒绝的决心。

此外，他们为了寻找完美的拒绝方法，很容易错过时机。一心研究不伤害别人、不令对方感到遗憾的拒绝方法，所以才耽误了时间。在别的方面花费心思，让对方等待，最终引起误会，只会给对方带来更大的伤害，也使自己的个人形象变得很差。完美的拒绝方法并非信手拈来。为了提高拒绝能力就要经常练习拒绝，才能积累经验和技术。被骂过、惊慌失措过，才能找到提升拒绝能力的方法。不经历这个过程，从一开始就想学会完美的拒绝，结果只能停留在原地。

那么，我们怎样才能顺利学会拒绝呢？

○ 心态的重要性

提高拒绝能力就是与负担感斗争的过程，要尽量放松心情才能抵挡诱惑。对爱自己的人表达拒绝，也是如此。

首先，要相信对方的抗打击能力和恢复能力。"要不是迫不得已，他会求我吗？""如果连我也拒绝他，他是不是就无路可走了？"如果怀有这种想法，就会产生很大的心理负担。与其这样，还不如相信对方也有解决问题的能力："即使我不接受他的请求，他也有解决办法。"其实，事实也是如此。"非我不可"是一种自恋。我们应当摆脱这种姿态，学会谦虚。

暧昧的情况也是如此。例如，与已婚的异性客户或同事一起吃了几次饭，彼此发展到可以倾诉私生活的烦恼，偶尔一起喝杯酒，变得更亲近。久而久之，你经常需要对家人撒谎，出来参与"两人聚餐""两人会议"。实际上，你一直在听对方倾诉自己的私事，内心很失望，也不感兴趣。这种会面渐渐成为一种负担，你再也不愿意为此多花时间。但事已至此，出口拒绝就不那么容易了。因为两人已经变得亲近，所以心里有负担，担心对方误会，而且工作也会牵扯在内。如果突然关系冷淡下来，似乎会很难处理。

在这种情况下，放松心情会有所帮助。你要相信对方也和你一样正直，是一个会对超出底线的关系说"不"的现代人。所以，你要尽量平淡地告诉对方："怎么办？下班后我得马上回家。"就像在饭馆点菜一样，轻松说出"我要一份炒饭"即可。你选择忠于家庭，一个有常识的人怎么可能故意添乱呢？就算是曾经超越友情，产生了好感，哪怕已经越过道德的底线，走上出轨之路，对方也得不到什么。

当然，也有人对被拒绝很敏感。"凭什么是你先离开？"不成熟的人容易在小事上计较自尊心，企图扭转局面。即便如此，该拒绝的时候还是要拒绝。在生活中遇到的十个人当中，反正会有三个以上不喜欢我。就算我拒绝了这个人，喜欢我的人也照样会喜欢我；就算我不拒绝这个人，讨厌我的人也还是会讨厌我。因此，好好对待爱你的人，得到尊重，才是一个明智的选择。工作伙伴夸不夸你温柔，有那么重要吗？

○ 放松心态，态度认真

拒绝的基本方式是"放松心态，态度认真"。同时做到放松心态与态度认真，其实并不容易。因为拒绝也是一种"拆迁工程"，要尽量以认真的态度去面对，伤害才会小一些。

例如，你和恋人定好了一个重要约会，但是父母突然要求你陪同参加其他活动。此时，无论选择哪一方，被拒绝的一方都会大感遗憾。该如何拒绝呢？

就像前面所说，放松心情。因为现在不是在恋人和父母中"二选一"，还没到"有我没你"的关键时刻，仅仅是日程冲突而已。当然，被拒绝的一方会受到情绪上的打击。所以，你要以一种"通报"的姿态，以祝福的态度，认真地拒绝。

如果你决定不去和父母一起参加活动，可以这么说："谢谢您邀请我参加这个重要的活动，我知道您相信我、依赖我，想和我一起去。但怎么办呢？那天我有个很重要的约会，如果取消的话，我以后的日子也会很难过。如果下次再有这样的家庭活动，我一定参加，礼金也一定会付的，还会单独打个电话问候。"以这种方式详细说明情况，并提出自己的解决方案，对方才会真心接受。

千万不能从对方身上找拒绝的理由。比如，"上次不是说可以不去吗？""前几天什么也没说，怎么突然说去就去啊？"这样的拒绝效果肯定不好。因为指责只会伤害感情，引发矛盾。

拒绝的理由总是应该是从"我"出发的。"我这次出了点事""对我来说真的很重要"等。只有这样，对方才不会有太大的抵抗。如果双方是以好感为基础的关系，就不会因为你真诚的请求谅解而生气。

严肃而坚决的态度之所以重要，是因为也有些人只是想试探你一下。有些人为了动摇一下你的真心，或是为了考验你们的情侣关系有多么坚固，想要偷偷试探一下。如果你们的关系像他们期待的那样出现裂痕，他们就会心满意足。要知道你把爱情经营得这么好，世界上难免会有嫉妒之人。

所以，要在不给人轻视感的情况下，快速、果断、明确地拒绝，比如："我只想专注于工作。""我有爱人，照顾他一个已经很吃力了。""如果有人靠近我，就会感觉心里不安。"不过，别忘了加些祝福语。"祝你晚上过得愉快！""希望你能组建一个和睦的家庭。"只有得到充分的尊重，对方才能保持平和的心态。

让我们记住：拒绝时的心态要放松，态度要认真，节奏要快。爱情需要我们每个人好好守护。

放松心态的方法

放松心态是拒绝能力的关键。如果做不到这一点，就有可能在拒绝之后过度自责。

所以，应该在平时进行卸下负担的训练。这并不意味着让你成为一个轻浮无礼的人，而是为了让你变得果断而爽快。收到建议或请求时，让我们试着回忆以下方法，以此减轻心理负担。

1. 只要认真听取并研究他人的提议，就已经是在帮助他了。

有人认为说"Yes"会给对方好感，"No"会让对方讨厌，但这种二分法是必须放下的。说"Yes"也可能被骂，说"No"也会受到尊重。重要的是你的态度，你是否尊重对方。人们通常会感激那些心存尊重的拒绝。如果你尊重对方，对方却不懂感激，那也没有办法。

2. 世界很大，有很多选择。任何一个有常识的人，都会在提出请求时考虑到被拒绝的可能性。

大多数人没有什么出类拔萃的能力，所以自己一个人做什么选择，不会对大局产生什么影响。世界上有很多人都是普普通通的，提出建议的那个人也知道。虽然说"你一定要帮我，只有你能帮我"，但大部分人已经做好了被拒绝的准备，没有必要背负"我的回答决定了他的未来"之类的压力。

3. 该发生的事情，注定会发生。

有些人会担心自己的拒绝会酿成大祸。有这么一个故事：一个男人拒绝了帮儿子偿还赌债的请求，儿子随后做出了极端的选择。这位父亲不想再放任家庭走向灭亡，所以做出了那个决定，却也对儿子的离去一直心怀愧疚。试想，如果当时还了欠款，结果会不一样吗？儿子继续赌博、欠债，再让父亲偿还，如此反复。直到有一天，父亲无法偿还债务，他就不会找上门来了吗？

该分手的情侣终会分手，该发生的事情终会发生，或许这句话会给你一些安慰。注定相见的人，总有一天会见面。对别人友善肯定是件好事，却也只能在自己可以承受的情况下才行。决定生死或者是左右大局的事情，不是我们所能控制的。坦率地说，我们无法付出给不了的东西。

3. 沟通的能力：
爱就是沟通

○ 沟通能力需要努力培养

沟通是一种技术。有些话该说，有些话不该说，不同情况下的沟通方法也不同。最重要的是，感情和交流是沟通的核心。有研究表明，关系融洽的夫妇与走向离婚的夫妇的区别，不在于如何处理金钱或者婆媳矛盾等琐碎小事，90% 以上的问题都是沟通方法的问题。

事实上，大部分人都知道沟通有多重要。但是，关于改善沟通技巧与对话方法的提议，并没有那么容易被当事人接受。首先，对于恋爱初期的情侣来说，这句话并不切合实际。因为两人正打得火热，对彼此相似的地方感到神奇，对不同的地方感到新鲜。再加上性的吸引力，更会给人一种刺激感。总之，这段时期无须多言。如果对他们提出这种建议，他们或许会反问一句："只是看着对方就很好了，难道非要做点什么吗？"相处久了的情侣或夫妻也是一样不情愿。他们往往会冷嘲热讽地说："一撅屁股就知道他要拉什么屎。"他们明明知道与对方共情、认真倾听、主动表达自己有助于改善关系，却很少努力付诸实践。

等到问题浮出水面，不得不试图寻找解决办法的时候，两人之间的伤口通常已经深到难以恢复的程度。"根本的错误是在对方身上，我为什么要改变呢？我没有错。只要对方真诚地道歉，我们的问题就解决了。""不管我怎么道歉，他都不接受，还把过去的事情重新翻出来，最终让事情彻底大爆发，只有我是个坏人！"如果抱着这样的态度，必然导致针锋相对。

正因如此，我们才更加需要升级对话方式。如果与亲近的人沟通不畅，就会如同指甲里扎了刺一样，产生慢性的不适感和压抑感。特别是指责（"你到底为什么这么做？"）、反击（"那你自己呢？"）、无视、回避（装作没看见）、厌恶（"唉，不能和你离婚才是我最大的问题！"）等表达方式，只会加深彼此的伤害。

○ 好好说话，其实是为了自己

培养对话能力的根本目的是为了自己。每当出现不成熟或气势汹汹的对话时，最先受害的其实是自己。如果不懂得沟通，受到情绪的压力，大脑的语言中枢功能会下降，表现出攻击性。自己说出口的话，自己听来也会感受到压力，所以会继续攻击别人，进而形成恶性循环。经常指责别人的人，也会经常指责自己；动不动就评价和审查他人的人，自己也会更加痛苦，因为平时听到的都是这样不友善的话。

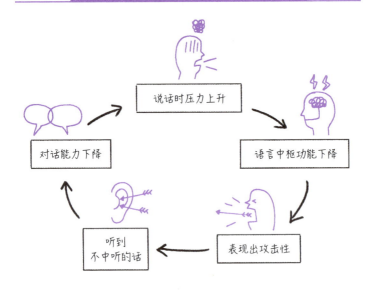

语言中枢功能低下与攻击性表达的恶性循环

说话时压力上升

语言中枢功能下降

表现出攻击性

听到
不中听的话

对话能力下降

对话能力差的人一直带着压力生活，因为没有逗过别人笑，所以不知道什么是幽默；因为没有安慰过别人，所以得到安慰也会感到尴尬。和别人见面之后，他们常常陷入自责的泥潭："我为什么会那样说话？""我怎么这么不会说话？"

不妨想象一下家庭中对话能力差会发生什么。父亲想和孩子对话，却不知道该说什么，于是莫名其妙地在孩子身边溜达，说出孩子最不愿意听到的话："最近学习怎么样？""减减肥吧！""我像你这么大的时候……"如果父母总是说出一些让人无法回答的话，或者谈起孩子想要回避的话题，孩子怎么可能产生对话的欲望呢？

相反，具备对话能力的人会问对方一些容易回答的问题，从对方感兴趣的主题开始。"吃饭了吗？最近在学校跟谁一起吃饭？""你最近在玩什么游戏？级别提高了吗？""你有喜欢的偶像吗？最近某某好像挺火，舞跳得也不错啊？"父母会如此引导孩子回答可能感兴趣的话题，确保对话质量。与伴侣对话时，也会根据对方的兴趣不断寻找素材。

良好的对话能力多么令人羡慕啊。只要人生还在继续，一直要与对方见面，这种对话能力就会成为魅力之所在。即使和现在交往的人分手了，也要不断提高对话能力。分手时好好沟通，才能减少伤害。就算是为了下一次遇见爱情，也要好好培养对话能力。

回想起来，人生中最快乐的事情、最严重的伤害，其实都来自对话。即使一个人拥有健全的能力和善良的动机，也难免因为说错几句话而被吐槽。话语随时都可能变成一把利剑，必须谨慎对待。否则，很可能瞬间从受害者变成加害者。

○ 优质的对话就像打乒乓球

怎样才能提高对话能力呢？首先，我们要记住，经常出口伤人的人总是"说得太多"。该说的、不该说的，随便乱说；同样的话反复说；死缠烂打，抓住别人不放……这些都不是对话。听者一旦感到厌烦，对话的欲望就会消失，引发口角的可能性就会增加。两个人对话时，应该养成让对方说话的习惯。而且，如果你总是想要解释对方没有问过的问题，一定要改掉这个习惯。

优质的对话就像打乒乓球一样，你来我往，彼此互动。在以后的对话中，希望你能想起乒乓球比赛的场景：把球打给对方，对方打过来，自己接球，然后再打给对方。这样的互动过程是对话的根本。这里的"把球打给对方"，意思是提出问题："发生了什么事？""身体还好吗？""后来怎么样了？""你觉得这个怎么样？"……这样"发球"，对方就会回答，说出自己的情感或想法。当乒乓球飞到自己这边的时候，可以轻轻接过，回一句："哦，是吗？"此时，还要配合行动反应，如眼神交流、点头、身体向对方倾斜等。

○ 要么当作提问，要么道歉

在乒乓球比赛中，有些人会选择猛烈击球或大力扣杀。同样，在对话中，有时难免会面临攻击或者指责。应对这种危机，就需要中级水平的对话能力了。请注意，这里的指责通常都以提问的形式出现。这不同于"都是你的错！""都是因为你！"之类的感叹词型指责，因为后者即使再无理，也没必要回答。你可以将其看作对方一个人对着空中击球，正在自言自语，球还没有真正飞过来。我们应该关注的是提问型指责。

提问型指责通常包含"为什么"。"你为什么这么晚？""你为什么做那种事？""说说你为什么那么做。"此时，最基本的应对方法就是"把指责当成提问"。就算心情不佳，也要当作一场普通对话，如果发脾气的话，反而会让自己感到羞愧。因为对方可能会继续追问："我只是好奇才问问的，你生那么大的气干什么？"所以，我们应当首先读懂对方的心情："我完全理解你的愤怒，其实是这么回事……""我知道你不高兴，谢谢你给我一个机会来说清楚，其实我……"如果以这种形式开始回答，对方也会产生倾听的欲望。

有时候，如果对方情绪激动，可能会一下子打过来好几个球："你到底为什么要这么做？你怎么能这样？你在无视我吗？你以后也会那么做吗？"这样的情况确实很难回答。到底该怎么接呢？

"你好像有很多问题，一个个地问吧，我会如实回答。你想知道什么？"可以像这样引导对方把球打过来。如果对方一个接一个地提问，你也可以逐一告诉对方自己为什么那样做。如果实在不知道怎么解释，你可以如实回答"我也不知道自己当时为什么那样做"。如果对方再次指责你，依然可以当作是提问；如果对方自言自语，只要安静等待即可。

应对指责的另一种方法是道歉。无论对方击球是有意还是无意，如果你认为没有必要继续比赛，就直接用手握住球弃权也是一种方法。"我真的很抱歉，不管有没有原因，都是我的错。"以此结束战争。当然，道歉并不是那么简单，下一章我们将详细讨论道歉。

○ 好好说话的准备

在网络上，我们可以接触到很多关于沟通技巧的内容。我强烈建议大家多关注这些资料，特别是参加与非暴力沟通有关的讲座、训练或演讲课程，会有很大帮助。

很多人其实并没有恶意，却在不知不觉中养成了不良的对话习惯：有些人自以为是，总想扮演对话的主导者；有些人定好答案后，才假装征求对方同意；有些人假装坦诚，却以直言不讳的语言来伤害对方。

仅靠从父母那里学到的语言习惯，或自然而然掌握的语言能力，很难在复杂的现代社会生存下去。我认为，"话不是用心去说，而是用表情去说的"。对话能力不足的大多数人，对话失败并不是因为心地不好。正是因为平时没有准备，随口乱说，随意流露出计划外、无意识的表情，才会引发各种问题。

因此，如果你想好好说话，就从平时练习微笑开始吧。没什么特别的方法，只要有空的时候活动一下脸部肌肉，做出微笑的表情就行。无论等地铁还是乘坐公交车，无论在开车还是在工作，这些练习都可以随时随地进行。

肌肉越用越发达。如果反复练习微笑，微笑时所用到的肌肉就会发达起来，脸上就会印有微笑。保持微笑之所以如此重要，是因为你可以引导对方模仿这个表情。让别人发笑的最简单方法就是自己先笑。习惯性地保持微笑，对方也会跟着笑。如此一来，你便可以不费力地经常看到对方的笑脸。这样既能减轻压力，也能获得自信。心情变好，才能说出好听的话，对话也会更加轻松。"伸手不打笑脸人"，这句话是有道理的。

表情练习不需要花钱，也不需要付出巨大的努力，只不过内心可能会有阻力。你可能会在心里怀疑，非要做出这种虚假的努力吗？但我向你保证，一旦你做了，就会感觉很好，也会继续做下去。就当作是肌肉运动，抽空挤出点笑容，把嘴角拉向耳朵就行。不知不觉间，你会听到很多"你比以前开朗多了"之类的称赞，心情也会慢慢放松下来。如果遇到害怕或者不如意的事情，就先笑一下吧，世界也会对你微笑的。

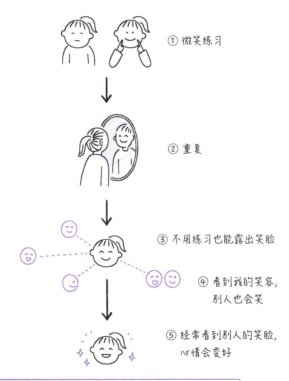

"用微笑说话"的练习与良性循环

① 微笑练习

② 重复

③ 不用练习也能露出笑脸

④ 看到我的笑容，别人也会笑

⑤ 经常看到别人的笑脸，心情会变好

起初是强迫自己笑，但是笑着笑着，好事真的变多了。

培养对话能力的习惯：影子练习法

有一种外语学习方法叫作影子练习法（shadowing）。这是一种像影子一样跟着外国人说话的方法，效果显著。

正如前面所说，对话能力不足的人几乎都不是因为心地不好，只是因为使用的词汇、语气、态度等多少有些攻击性或消极意味，致使沟通变得困难。不过，当事人自己通常并不知道哪里出了问题，反而会埋怨对方。所以，仅凭决心难以解决问题，必须通过反复训练来改变自己的行为。

演员是不错的榜样。演员表演时通常发音清晰，保持着令人喜爱的音调。如果你有喜欢的演员，想拥有和他（她）同样的语气与行动方式，就先模仿一下他（她）在影视作品中是如何说话的吧。

我经常模仿演员曹承佑和朴信阳饰演的角色，那种沉稳从容的语气真让人羡慕。我有时也会自问："如果我是那个演员，在这种情况下会怎么说？"我也曾担心会不会被人识破我在模仿他们，不过至今没人意识到。所以大家也放心地模仿一下自己的偶像吧。

4. 道歉的能力：
化解矛盾之火的能力

○ 明明需要消防员，却在找裁判

有的来访者来到诊室，是想要寻求某种"判定"：

"虽然我大喊大叫了，但逼我大喊大叫的是这个人！始作俑者更可恶，对吧？"

"我一气之下提了分手，但是天啊，他当天就去夜总会去找一夜情了。怎么能这样啊？"

就像这样，他们想要让我帮忙判定到底谁先做错，谁的错更大一些。

两个人再相爱，关系也会产生矛盾。无论怎样亲密相处，无论怎样培养对话能力，我们都不是神，而是人，不可能做到完美。因为有时彼此想要的东西不同，某些时刻会看着每件事都感觉不爽。即便知道这一点，大多数人还是没有做好解决矛盾的准备就开始交往。

在过去的大家族文化中，看到家人和亲朋好友之间的各种矛盾和争执，可以间接地体会到解决方法。但是随着时代变迁，家庭成员减少，这种学习机会也就少了很多。父母是我们可以接触到的唯一的亲密关系模板，甚至有些人在成长过程中连父母都不在身边，所以才会想找专家判定。

不管怎样，还是要先熄灭矛盾的火苗，因为和喜欢的人在一起的基本前提是和睦相处。现在，连接在两人之间的"爱的桥梁"起了火，正在熊熊燃烧。这时，围观火灾的人可以追究是谁放的火，桥上的人却应该先救火。如果不这样做，反而追究谁点了火、谁负责善后工作，就会错过扑灭火灾的黄金时间，放任大火蔓延，最终引火烧身，酿成惨案。

那么，应该如何扑灭矛盾之火呢？哪种方法最有效呢？我推荐"道歉"。只有正确道歉，矛盾才会消除，关系才会更加牢固。

○ 不懂道歉的社会

明明有心爱的人却不能好好相爱，没有比这更让人心痛的事了。相爱时本应尽情享受充实与幸福，如果一见面就生气、吵架、委屈，最终只会陷入深深的空虚。无数情侣因为微小的意见分歧而吵架，最后疲惫不堪地分手。

想要扑灭矛盾之火，最高效的方法就是真诚地向对方道歉。不是勉强的道歉，也不是虚假的道歉，唯有真诚的道歉，才是结束冷战、重新维持关系的法宝。

我们的社会对道歉并不熟悉。回想起来，我们很少得到过真正的道歉。在经济快速增长的阴影下发生的很多暴力和不正之风，都在加害者没有道歉的情况下不了了之。现在的年轻一代，更是理应得到道歉：高考制度的随意改变、性别歧视、各种仗势欺人、经济萧条带来的就业难、房价上涨等问题，都让他们面临着压力。但是，没有谁出来对此负责。造成这些局面的人，反而说自己年轻的时候面临的难题更严重，谁都经历过这样的事情，没有什么了不起的。他们不仅没有道歉，反而对年轻人加以批评和训斥。

更有甚者，社会上还蔓延着一种"道歉意味着失败"的风气。罪犯经常以"喝多了""不记得了""有病史"等为借口减轻刑期。那么，谁能真正承认错误，向受害者道歉呢？

这种暗中传播的文化对个人影响很大。"我有点敏感，对不起。""以后我会注意的，请原谅。"明明是像这样一句话就可以顺利结束的事情，他们却在拼命地斗争，连一句简单的道歉都不愿说，导致问题复杂化。这种情况比比皆是。试想，谁会因为给心爱的人留下心理创伤而得到好处呢？

○ 道歉的三要素

掌握了道歉的技术，不仅仅在恋爱过程中有用，而且在很多其他方面都非常有利。好的道歉可以在各种关系中保护我们，让你在愤怒的火焰面前退一步，也可以瞬间将大火扑灭。只要是有人的地方，道歉能力就能发挥"灭火"的作用。特别是那些明明自己说了"对不起"，却反而令对方更生气的人，可以好好读一读下面的内容。

正确的道歉有三个要素：表示道歉态度的关键词、道歉的具体内容、今后的对策。

首先要有明确表达歉意的关键词："对不起，我错了""我向你道歉"。虽然看起来很简单，但很多人并不这么说，却王顾左右而言他。例如"到此为止吧""我错了还不行吗""我该死"之类的话，不是道歉而是在宣战，一不小心就给快要熄灭的火苗浇上热油。就像想要亲近就应该先打招呼一样，道歉的开始应该是"道歉的态度"。

下一步是查明"做错了什么"。有没有大吼大叫？有没有关掉手机？有没有口不择言？这样，需要道歉的部分也就自然而然地总结出来了。这一部分可以在道歉的最前面说，也可以在表示歉意之后说。如果不及时这么做的话，就会被对方质问："你说说你做错了什么？"在这种情况下，相互的指责可能也会持续下去，难以收场。

最后，"防止再次发生的对策"至关重要。我们之所以需要争吵、道歉、和解，是为了避免重蹈覆辙。因此，"这种事不会再发生了"的承诺或计划必须紧随其后。"我以后不会再大吼大叫了，生气时我会先出去待一会儿。""我以后不会乱买东西了，以后会设置消费通知发到你的手机上。"提出这样的具体方案会更好。所以，如果想道歉，最好先准备好解决问题的对策。从第一阶段到第三阶段，像流水一样持续下去才有效。例如，"对不起，我忘了纪念日……你很伤心吧？以后我会设置好闹钟，一定会好好准备。"

让我们记住：明确表示道歉、具体说明错误的内容、防止错误再次发生的对策，这三个要素合在一起，道歉才算完成。

在这里补充两点。首先，道歉的时候不要追问对方是否原谅你。如果发生争执，就意味着两人之间产生了隔阂，变成了不亲近的关系。虽然道歉了，但是重新变得亲密还需要时间。一旦产生"既然我道歉了，对方就应该原谅我"的想法，那么辛苦付出的勇气和行动就有可能化为泡影。道歉本身就意味着这件事应该画上句号，再说三道四地辩解，或者以"我道歉了，你也道歉吧"的态度要求什么，都会让努力做出的道歉化为乌有。

即使好好道歉了，对方的反应也可能是冷嘲热讽，对于这一点必须有心理准备。就像在起火的地方洒水灭火也会留下残火和浓烟一样，矛盾不会在瞬间消失。道歉的话从耳朵进入，经过头脑，再到内心，需要一定的时间。对方可能会冷冰冰地说："哼！说得倒好听。"这会让你感到非常尴尬和羞愧："我都已经道歉了，为什么你还不消气！"希望你不要这样委屈地爆发情绪，不要过多计较，而是静静地等待对方消气，不再冷嘲热讽。现在，你需要运用我们前面提到的"宽容"技术。

向自己道歉

自尊心要强、要尊重自己，这在今天几乎已经成为常识。不过，依然有很多人随意地对待自己。有些人设定了近乎完美的目标，给自己增加了负担，也有人习惯性地对自己发牢骚。

我们对话最久、最多的人，就是自己。因此，我们会在他人面前不由自主地说出一些平时对自己说的话。所以，我们才需要经常检查与自己的关系。

先来看看有没有什么事情需要向自己道歉吧。让我们一起来回顾一下，是否曾经像这样指责自己、给自己造成伤害：

"你为什么抽那么多烟？"

"你为什么喝那么多酒？"

"你为什么不好好睡觉？"

"你为什么意志力那么薄弱？"

"你什么时候才能振作起来？"

"你连这个都做不好吗？"

你是否曾经有意无意地像这样诅咒自己："你不行，不会有好结果！你看你至今一事无成！"

如果你曾对自己做过错事，那就对着镜子道歉吧。对自己说一句"对不起"，然后解释为什么说对不起，以及下定决心以后怎么做。也许今天不能马上得到宽恕，却会逐渐拉近与自己的距离。

写下需要向自己道歉的事

5. 持久的能力：
维修和维护桥梁的力量

○ "就那样去做"的力量

"你做伸展运动时会想些什么？"在某电视节目的采访中，主持人向花样滑冰选手金妍儿提出了这样的问题。

滑冰选手上冰前会做伸展运动，提问者似乎期待着某种特别的答案。然而，金妍儿只是笑着回答道："没想什么……就那样去做啊。"

那个场景引发了我的深思。看着有些人毫不动摇地走自己的路，人们总是热衷于挖掘其背后的秘诀，答案却往往非常质朴而简单。经营饭店几十年的老奶奶也是如此。当别人问她"制作美味牛肉汤的秘诀是什么？"时，她回答说："就那样啊，多放点葱，多放点肉，然后慢慢煮。"有人向一对和睦相处、白头偕老的老夫妇请教相处的秘诀，他们回答说："没啥秘诀啊，就那样相互珍惜生活而已。"很多时候，社会成功人士的回答也是如此简单。

他们所说的"就那样去做"，背后的原动力是什么？在属于自己的道路上坚定地前行，这种力量来自哪里呢？

○　承受爱情危机的能力

　　"就那样去做"的力量，其实就是坚持下去的能力。不放弃、坚持到底，这种能力叫作"持久力"。就像前面说的那样，我们很难弄清楚它的秘诀。持久力不足的人总有各种各样的理由，真正具有持久力的人反而说不出为什么会这样。在爱情中更是如此。持久的心动、信赖、尊重，是否有什么秘诀呢？

　　在当今时代，谈论坚持不懈、地久天长的爱情，有时不禁让人感觉俗气。但是，随着独自生活的人越来越多，害怕独处的人也越来越多。最近，有不少患有恐慌症或焦虑症的人坦率地表示："就这么孤单一人，如果哪天突然倒下，担心会不会就这样孤独地死去。"一想到与某人断绝联系，我们的内心就会极度不安。

　　坚持不懈的爱，并不意味着一辈子在一起。两个人的关系应该和平、民主而平等。关系的基础应该是尊重。不紧盯着个人缺点，为彼此的幸福而努力生活。具备这种人生技能，意味着具备强大的内心，能够在人际关系中发挥灵活性和包容性，承受任何危机。

○ 长久相处的情侣有何共同点

保持平常心、长久相处的情侣的共同点，首先就是不要对爱情寄予太高的期望。

精彩的电视剧也会有吸引力不足的部分。或是过于明显的植入广告妨碍了观众的情绪投入，或是配角演技不佳，原因多种多样。本来不打算继续看下去，却又被结尾的悬念吸引，忍不住期待下一集。

和爱人的日常也是一样，不可能每天充满新鲜感和甜蜜。感到疲倦、无话可说、所有事情变得令人厌烦……这一刻必然会到来。然而，我们不能因此断定爱情已经结束。世上不存在完美的爱情。养育可爱的孩子，也会因为他的无数次哭闹而崩溃，更何况与原本陌生的人恋爱或维持婚姻生活，怎么可能毫无矛盾呢？与其抱着过多的期待而陷入失望，不如留出时间，展开幻想："接下来又会发生什么样的故事呢？"

长久相伴的情侣，第二个秘诀是认真过好每个纪念日。这并不是让你准备多么隆重奢华的活动。虽然不能每天心潮澎湃，但是不要错过那些特别的幸福机会。交往纪念日、生日、情人节、白色情人节、圣诞节、年末、年初等，平均两个月就会有一个重要的日子。在这样的日子里，可以真诚地向恋人或配偶告白，表达自己的感谢。就像公司也会给老员工发奖金，让员工感受到工作的乐趣，同样，我们也应该每年给心爱的人发几次感谢牌。在不造成太大负担的前提下，纪念日可以成为连接爱情桥梁的螺栓和螺母。

第三，当你感到疲劳、厌倦或饥饿的时候，不妨推迟重要的决定。我们的日常生活充满了压力，身体的疲倦比想象中来得更快。当睡眠不足、血糖下降时，世界上的一切看起来都是负面的。就算你现在内心极度郁闷，很想对着眼前的恋人发火，觉得绝对无法妥协，也很可能只是因为在别的地方受到了伤害。因此，如果对对方感到厌烦和不满意，就应该先恢复自己的状态。重要的决定，比如见面和分手，应该在身体状况好的时候去做。除非有紧急问题，否则在决定是否分手之前，最好至少留出两周到一个月的时间。只有在头脑清醒的情况下做出的决定，才不会后悔。所有不管多生气、多伤心，先吃完饭，活动一下身体吧。

最后，不要过早断定对方是什么样的人，最好提前确定自己真正认识一个人所需的时间。以我为例，一般最短的判断时间定为一年。无论进入职场、与人同住还是交朋友等，我一般需要较长的时间才能完全打开心扉。而且，人类的心灵受季节影响较大，你在3月里精力充沛、充满干劲，不代表一整年都会这样。树木在春、夏、秋、冬四个季节会展现出不同的外形和状态，人也同样会发生变化。

我们可以观察对方在四季展现出来的不同面貌，逐渐了解对方。

不要因为见了几次面就断定可以相爱一辈子。先以了解一年左右的心态来往，如果觉得可以一起生活十年左右，到时再考虑结婚也不晚。当然，也有见面一两次就结婚并白头到老的夫妇，但这毕竟是例外情况。

○ 尽力而为

持久力看似需要特别的训练，实际上取决于你多么忠实于当下。因为人生难料，而且起伏不定，当时无法接受的事情，过了一段时间后会理解，很多事情自以为十分了解，后来却发现是错的。该走的走，该留的留，随时准备着，尽自己最大的努力去善待身边的人，到了分手的那天就好好离别。说到底，这应该就是爱情长久的秘诀吧。

美国心理学家安吉拉·达克沃斯将一个人保持热情和毅力的特性称为"坚毅"（grit）。她通过同名书籍指出，"坚毅"是一切成功的基础。有趣的是，随着年龄的增长，"坚毅"的特质会逐渐增加。所以，只要不着急，好好度过今天，你的"坚毅"就会相应地增加。如果你坚持读到了这里，完全可以认为自己有足够的"坚毅"。你忍受着无聊的内容，读了这么多，足以证明你有足够的力量去坚持做任何事情。

当你觉得自己坚持不下去的时候，再做一次

持久力是一种韧性的力量，可以在即将放弃的时刻让你坚持下去。体能训练教练也经常说同样的话："当你觉得自己根本做不到的时候，再做一遍，然后你就有了肌肉。"现在的努力，是为了之后想要放弃时可以坚持再做一次。

爱情也是如此。如果想互相尊重、持久相爱，只能坚持再来一次。

昨天已经过去，无可挽回，但今天不能就这样结束。"虽然今天发生了很多事情，但我爱你的心并没有改变，明天我还将继续爱你。"说出这样的话，爱情就能继续下去。也许我们一直相爱，但现在还要努力再爱一次。就算再累，也要再爱一次！在那一瞬间，爱的力量也在成长。

Chapter 7

第七章

关于爱情的现实提问

1. 没有感觉的时候：
   致那些起步艰难的人

○ 最大静摩擦力 > 运动摩擦力

记得我第一次学骑自行车的时候，试了几十次依然会摔倒，眼泪忍不住流了出来，人也撞到了电线杆上。后来感觉终于骑得很好了，想要炫耀一下，结果又把膝盖磕到了水泥地上。有一天，我怀着"再不行就放弃吧"的心情踩着脚踏板，竟然不知不觉地找到了重心。虽然车子左摇右晃，我却双腿用力，蹬动了车轮。这时，身后传来一声喊叫："洪均，爸爸放手了！这是你自己骑的！"虽然顾不上回头看，我还是一个人骑了出去。

回望过去，一切都是如此。即使下定决心学习，成绩也没有提高；无论学什么，一开始总是徘徊不前。爱情也大致无异。你得不到对方的心，难免会担忧自己是否就这样一辈子孤单下去了。无论什么事情，在实现之前都是最难的。

这种情况不是因为我脑子笨，也不是缺乏诚意。物理课上学到的"最大静摩擦力"一词同样也适用于我们的日常生活，想要移动物体，必须超过静摩擦力。一旦你移动了一点，就可以用更少的力量继续让它移动。

爱情也是如此，起步是最难的。没有起步就没有经验积累，然后越来越找不到感觉。因为爱情很难起步，所以很多人早早地死了心，或责怪自己。得不到爱情并不是因为能力不足，而是因为开始一段爱情比维持一段爱情更难。尤其是对于交往以后出现的新的关系、所需付出的努力和时间等，很多人想都不敢想。最难逾越的一座山，就是我们内心的恐惧。所以，爱情的路上最重要的不是某个人，而是勇气。

○ 这些习惯令起步愈发艰难

有些人觉得爱情起步特别难。这种人有必要了解一下自己的特点。

第一，提前太久"预测"未来。与其说是"预测"，不如说是"苦恼"："我能遇到好人吗？""交往以后厌倦了怎么办？"他们会花费很多时间在脑海中描绘各种尚未遇到的情况。尽量慎重选择以防后悔，这种心理无可厚非。然而，一切结果都是未知数。只有真正着手去做，才能知道一个模糊的结果。如果根本没有开始，只抱着"不知道结果如何"

的想法苦思冥想，就永远无法进入下一阶段。

第二，陷入单相思。有些人喜欢互相交流感情，有些人则更喜欢单方面对对方产生好感，满足于这种怦然心动的感觉。后者害怕了解对方的真实面貌后感到失望，所以选择靠想象去获得幸福。这种人虽然在单恋结束后会感到悲伤，但是看到自己如此痛苦的样子，他们也会暗自松一口气："原来我也还有恋爱细胞啊！"他们极度讨厌伤害别人，同时也会极度担心自己受到伤害。

第三，被过去束缚。没能与过去的感情好好划清界限，必然留下心结。这种人很难开始一段新的爱情。他们会把对前任的憎恨和愤怒情绪倾注到无辜的下一个人身上，会以不想再受到伤害为由躲避他人，还会把过去的爱情理想化，贬低眼前的人。不管过去是好是坏，有一点毋庸置疑：如果不能彻底地忘掉过去，就无法专注于现在的爱情。

○ 尽最大努力去爱

如果是因为不想爱而不去爱，那也没关系。每个人的选择都应该受到尊重。如果有比爱情更重要的事情，首先集中精力处理那些事情，那也没有问题。但是，在爱情的问题上，如果想做却没有做，或者应该做却做不到，就应该积极考虑解决方法。如果这种状态持续时间过长，建议寻求专业人士的帮助。如果大脑中的血清素系统出现问题，就会以消极的态度对待所有事情，因为鸡毛蒜皮的小事备感压力，生活非常痛苦。这可能是身体或心理出现问题的信号，应该去找医生或心理咨询师。

妨碍了爱情的东西，很有可能也会对我们的心灵和整个人生造成损害。爱的能力出现问题，也意味着挖掘潜能的能力或工作的积极性受到了损害。与其盲目地开始新恋情，不如先恢复健康，以后才会顺利。

如果身体没有什么问题，心理也很健康，我想建议大家通过微小的成就来扩大爱情的半径。爱的力量在爱的过程中才能得到增长。这就好像锻炼手臂的肌肉力量，需要经常活动或举重。如果以肌肉力量薄弱为由根本不去尝试，就永远无法增强力量。如果想举起十公斤的哑铃，首先要尝试举八公斤；如果不行，就举五公斤；如果依然觉得累，就从一公斤起步。

爱是相当有难度的事情。如果你害怕恋爱，就先从爱家人、爱朋友开始，从爱身边的人开始吧。另外，也要爱自己的每一天、爱自己日常生活中的有趣瞬间。努力去爱吧！如果你对每件事都充满爱，总有一天可以练就爱的基本功。

世界上没有完美的爱情。我们只能时刻尽最大努力去爱，促进自己的成长。

2. 该不该分手：
致那些难以决定的人

○ 恐惧分手 vs 动不动就提分手

很多人的关系出了问题，却害怕分手。在他们看来，分手就像要打一剂很痛的针，或刮破化脓的皮肤一样，想一想就觉得疼痛难忍。但是，如果一直拖着，只会更加痛苦。在痛苦的状态下把关系持续下去，爱情会变得更加艰难；最终在更痛苦的状态下分手，也会影响下一段爱情。患上需要动手术的疾病，即使冒着危险也要接受手术才能活下去。如果只是因为害怕分手的痛苦而无法分开，那就太愚蠢了。害怕分手的心情可以理解，但是不能因为恐惧而延续爱情。如果和一个不爱的人、不该爱的人交往很久，没有人会为你鼓掌。

再看另一种情况：不断提出分手，一旦真的分手又会因为遗憾而复合，然后再次闹分手，却因为对方的死缠烂打而再次硬着头皮见面……如此反反复复。如果爱情和分离的恐惧如此混杂着，关系就会像放了太多水的面团一样，变得一塌糊涂。

"和这样的人交往好，还是分手好？"如今，也会有很多恋人在网络上反复发帖询问。曾几何时，我是一个劝分不劝和的人。如果熟人咨询恋爱问题，我一般会说"差不多就分手吧"。那时候，我已经独自生活了很长时间，朋友却来找我商量恋爱问题，那就是已经到了实在没有必要继续下去的程度了吧。另一方面，我也想把单身生活的自由和幸福告诉给周围的人："别再为那种没结果的爱情浪费时间了，快点分手，和我一起痛快地玩吧！"只要一有机会，我就会这样怂恿朋友们。

○ 其实答案已定

我有几句话想送给那些跟熟人商量是否要和恋人分手，或者在匿名留言板上发布信息的人：给你提建议的人看似是在帮你，实际上每个人所说的话，依据的都是他们自己的标准。喜欢单身的人鼓励你分手，崇尚结婚的人劝你忍一忍，坚持到结婚；重视经济问题的人会说"还是要先赚钱"，喜欢运动的人会说"比如去运动吧"，刻薄的人会说"你还是清醒一点吧"。这并非因为他们是坏人，而是因为每个人都会根据自己的经验做出判断。

当然，提问的人也有自己想要的答案。很想分手的时候，就会努力写一些引导大家劝自己分手的留言，然后只读这一类留言。选择算命先生、心理咨询或者阅读时也是如此：遇到想要接受却犹豫不决的事情时，如果通过他人之口来确认，接受起来就会容易得多。归根结底，无论是寻求建议的人，还是提出建议的人，都会倾向于各自所希望的答案。

不知道是否应该分手的人，过了几年甚至更长时间后仍会反复纠结。因为他们"愿意"长期纠结。对这样的结论，他们会反驳说："绝对不是，只是想分手却没成功。"没错，也许他们心里想分手，却更愿意服从对方的决定，而不是自己先说出口。不喜欢眼下的关系，却又舍不得断绝，或者认为现在还不是分手的时候。犹豫不决的心理更占上风，就会导致这样的结果。

○ 无法分手的四个理由

为什么会有无法分手的烦恼呢？分手的理由已经说了几十条，为什么最后还是犹豫不决呢？既不接受对方现在的样子，也没有疯狂地爱着对方，为什么不能放下这段感情呢？虽然可能是因为"还在爱着"，但其实还有更多的原因。

首先，低自尊感很有可能是其中的影响因素。当事人也许会认为，世上可能只有这个人会如此关心我了。轻易低估自己的魅力或能力就会导致这种不幸。就像卷入一个传销公司，感觉自己只有这一个赚钱方法，无法放弃留恋之心，继续投钱。现在已经够不幸了，却因为害怕变得更不幸而无法脱身。

　　与此相反，也存在因为隐性的自恋而无法放下感情的情况。这样的人相信自己很特别，自己的爱可以创造奇迹。尽管现在很辛苦，依然想尽力改变对方，证明自己的价值。这种欲望阻碍了当事人做出决定。他们还没有做好准备"设定界限"。如果对方正在走向成熟、积极变化，不仅本人会感觉有意义，看着的人也会感到满意。如果想要分手，内心疲惫，却依然心存迷恋，就有必要冷静地反省自己是不是对爱情的力量过于高估了。

　　第三种情况是，你在生别人的气，却用惩罚自己的方式来复仇。例如，有人假设"这种自我毁灭的爱情往往是因为童年创伤"，并为了证明这一点而选择不幸。这种人即使去找咨询师，也是想确认同样的假设。当然，因为过去的受害记忆和加害者，到现在一直带着痛苦生活，这是一件令人遗憾的事情。想证明那个人过去犯了多大的错误，也是理所当然的事情。但是，如果把自己的现在和未来都交给不幸的过去来决定，是一种极大的损失。受过心理创伤的人要通过咨询等方式努力去治愈自己，也要珍惜眼前的人生，过得加倍幸福才行。这不是为了任何人，而是为了自己。

最后，把性欲误认为爱，也会使人陷入无尽的困惑。人类有一种强烈的肢体接触本能，这种本能会影响判断和行为。虽然没有人明说，但无法分手的原因和性欲并非毫无关系。性欲有时还会成为决定性的理由。总体来说，身体先冷却，内心的爱才会冷却，但是也存在很多相反情况。不能因为产生了强烈的思念，就认为这是百分之百的精神思念。肉体上的爱固然重要，但要小心过分美化或依赖它。

○ 关注"如何去做"，而不是"做什么"

如果为了以后是否分手而苦恼，应该怎么做呢？

见面好，还是分手好，这是对"什么（what）"的苦恼。即，考虑在十字路口该选择什么。选择哪条路，人生的结果就会有不同的走向。

走哪条路固然重要，更重要的问题是如何去做（how）。换句话说，烦恼就是这样，见面占五六成决定权，分手也占五六成决定权。也就是说，没有令人满意的答案。

这个时候，建议大家抛开"要不要分手"的烦恼，先考虑今天该怎么过。如果今天已经约好一起看电影，那就开心地约会；如果今天决定不见面，那就享受独处的生活。如果注定分手，看电影也会分手；如果有缘，去地球的另一端旅行也会遇到。也就是说，要以现在的幸福为目标去生活。

希望大家不要因为纠结"在一起还是分手"而毁了今天的幸福。重要的是"如何去做"。

3. 面对父母的反对，你会怎么做？
致那些身陷矛盾的人

○ 父母反对的爱

如果父母反对和恋人交往，事情就会变得非常难办。此时，多种心理综合作用，尤其容易引发信任问题。父母不认可自己所爱的人，意味着自己没有得到父母的信任，直接导致"得不到父母的爱"的想法。

父母反对是有原因的。虽然年纪大了，体力也下降了，但凭借生活经验，对自己"看人的眼光"很有信心。他们一心为子女的未来着想，如果子女不听从，就会很伤心。甚至担心后来听到"当时为什么不阻止"的埋怨，于是更加拼命。此时，如果双方的自尊心略有动摇的话，问题就更大了。"我喜欢这个人。""因为你现在还什么都不懂。""你为什么不相信我？""那你又为什么不相信我？""你们这代人和我们不一样。""因为我有经验，所以更了解。"……如此陷入这种无限循环。互相伤害对方的感情，伤害对方的心，最终会走到双方争相诉说谁受伤害更大的地步。

如果是成熟一点的人，就会讨论各自的立场，但这其实也没有什么意义。因为对话的主题是"那个人好"或"那个人不好"的主观判断。感情本无对错，一方可能是因为恋人身上的某个特点而产生了爱，而另一方可能正因为这个而不喜欢他（她）。

如果父母反对与心爱的恋人交往（结婚），该怎么办呢？我的人生属于我，不如按自己想要的去做？还是应该相信并遵循父母的人生经验呢？有什么方法可以说服父母，或扭转这种矛盾的心态吗？

○ 说服的法则

遇到这种问题时，心里要想着"只要父母改变想法，所有问题都能解决"。如果本人也有意放弃，就没有必要去考虑这些问题。所以，在此谈谈如何说服父母。

如前所述，亲密的能力是实现爱情的五种力量之一，同时也是最基本的说服方法。有些人非常善于说服别人，比如房地产经纪人。他们不会在客户到来之后马上带他们进屋里，而是步步为营地对待客人。首先，考虑到客户看房子十分疲惫，他们会劝客户坐在舒适的沙发上休息，并递上饮料，让客户内心舒畅。然后，他们才会开始谈话："这个天气看房子太累了吧？""结婚了吗？有孩子吗？"通过这种形式，非常自然地表达关心。在对话过程中，他们还会附和对方的回答，与对方共情："和我家孩子差不多大啊！""我也很喜欢这个小区。"到了最后，他们才会展示几套房子，与客人分享经验。像这样，他们在客户产生一定程度的信任之后，在关键时刻提出签署购房合同的条件，最终促成协议。

由此，我们也可以得到一点关于如何说服父母的启示。父母和子女虽然长期生活在一起，但彼此其实并不了解。对方最近关心的事情是什么？经常和谁见面？健康状况如何？对于这些问题，通常并不知道答案。如果双方没有坐下来好好交谈的经验，子女却突然要介绍自己交往的恋人，不会有太多的父母欣喜若狂地迎接他们。如果那个人刚好令他们不满意，那就更麻烦了。

无论对方是谁，要想说服，首先得亲近。要想亲近，就得投其所好。就算子女强硬地表示"世界变了。我们这代人是不同的！"如果父母不敞开心扉，就不可能说服他们。

○ 不要参与双方的战争

说服父母，选择持久战比速战速决更为有利。年龄越大，改变价值观或观念需要的时间越长。让我们至少拿出几周到几个月的时间，把精力放在与父母友好相处上吧。下面介绍这段时间里可能对你有所帮助的心态：

第一，尽量坦然面对局势。每个人都有自己的好恶。点菜尚且有不同喜好，何况是对人的感觉呢？父母不喜欢我爱的人，不是信任不信任、爱不爱的问题，只是喜好不同而已。进一步解释就是，不要过于敏感或者过于认真。就像自己可能不喜欢父母的某些朋友那样，父母也是同样的想法。

第二，不要认为自己是夹在两者之间，与其陷入三方的矛盾纠缠，不如自己分别与父母和恋人沟通。即便父母和恋人互相嫌弃，你也不必战战兢兢。"父母原来不喜欢他的那一面啊！但是我喜欢呀。""这个人对父母的这一点感到不舒服！我也是。"只要你能感受到这些，就已经足够。如果你也有同样的感受，那就轻描淡写地回应一下："这样说有点过了吧。"矛盾很少会因为第三方的介入而改善。与其三方战争，不如两方战争。三者纠缠在一起，只会让问题变得复杂。

最后，不要忘记主体是"我"这一事实。爱上一个人，难免会遇到诸多变数。爱的人可能会生病，自己也可能会受伤，还会有意外的人出来捣乱。父母的好恶只是一个变量。父母没有给予支持虽然很可惜，但要记住决定的钥匙掌握在"我"手中。要考虑所有情况，前进还是停止，由本人决定。这是我的人生，决定和收拾残局的最终责任人也是我自己。

4. 一定要结婚吗？
致那些持怀疑态度的人

○ 要么犹豫，要么拒绝

"结婚好，还是不结婚好？""出国旅游好，还是不出国旅游好？"这两个问题在某些方面十分相似。远赴国外旅行，既让人心动，也让人厌烦。要做好应对陌生感和风险的心理准备，而且这是一件费钱又费时的事情，也有压力。有些人一辈子没出过国，同样不是什么大问题。

我曾经也很反感出国旅行。"听说大家假期都去背包旅行，你怎么只待在房间里呢？如果是因为没钱，我可以给你。"母亲看到年轻的儿子只窝在家里，于是像这样鼓动我出去。我没动心。语言不通，食物也不合口味，为什么非要去陌生的地方？电视上能看到不少风景，干吗非得亲自去一趟呢？长时间的飞行也让人感到郁闷和讨厌，我更喜欢独自一人在国内旅行。

○ 海外旅行和太空旅行

我想问一下各位喜欢出国旅游的读者，大家怎么看待拒绝海外旅行的年轻的我呢？

自从有了家庭以后，我一有空就会制订旅行计划。虽然还是很懒，喜欢待在家里，但有机会一定要出去。当然，无论是当时还是现在，海外旅行都需要花费很多时间，而且倒时差也很辛苦。再加上语言或饮食问题等，回来的时候会感到筋疲力尽。然而，过了几个月，却发现自己又在制订新的旅行计划。

婚姻就像出国旅行，有很多东西要准备，也会出现问题，还会面对很多禁忌，意想不到的变数和压力总是伴随而来。而且，抚养孩子简直堪比"太空旅行"，还会面临失重问题。以前，前辈们聚在一起谈论子女，我会感到疲惫。不知不觉间，我也开始这样做了。"你六岁的孩子去过太空吗？""我马上要挑战进入银河系了。"去过太空的人在一起只会谈论宇宙生存的经验，这是理所当然的事情。

○ 值得一试的经验

不知不觉间，我也被称为"老一代"了。就像老人们所说，虽然内心年轻，在外界人的眼里却远不止是中年大叔。我知道现在年轻人对结婚抱有很大心理负担，也能理解大家的这种心情。不过，我依然建议结婚。"老师永远无法理解我们这一代人！真的是解决温饱都难啊！"我也听到过这样的诉苦和抱怨，却无能为力。我并不想说："朋友们，这是一个结婚很难的时代，我建议你一个人生活。"作为结了婚的人，我相信可以表达自己的立场。

我根本不想说服那些不愿结婚的人，或者去跟他们争论什么。我只是想说，我是去过海外旅行、太空旅行的人，大家有机会也去一趟吧。虽然无意于创造一个人人欢呼着去海外旅行、宇宙旅行的世界，但作为经验主义者，我想推荐这段经历，因为它还不错。

婚姻有利有弊，但它本身就是一种崭新的旅行，每个人都有自己的体验，谁也无法在启程之前断定结果好坏。旅行同伴、旅行计划、目的地的情况、路上的运气等，随着各种因素的不同，结果也会有所不同。有人说，结婚要花很多钱，所以不想结。说实话，我不知道不结婚是否更容易攒钱。另外，有孩子确实很忙也很累，但没有孩子也不意味着活得更清闲。

事实上，过去的时代也充斥着社会和心理压力。以前的人更穷，价值观也更古板，考验也一直存在。只不过，将其视为苦难还是视为人生的一个过程，这是一个选择。

婚姻的好处比想象的要多，比起独自生活，会有很多未知的经历，对他人和人生也会有更多的了解。"对真正的世界、新的世界睁开了眼睛"，这种说法并不夸张。

对于婚姻，我认为尝试本身就是有意义的。如果现在无法立刻去做，也希望你能怀有一份"以后再做"的从容。没有必要树立"过上别人羡慕的婚姻生活"或"守护永恒不变的爱情"之类宏伟的目标，只要抱着"结婚是对彼此的约定，为了遵守约定，我会尽我最大的努力"这样的心态就足够了。与其一辈子心怀这样或那样的疑问生活，不如尝试、碰撞、感悟、后悔、成长。

希望大家不要误会。我虽然主张结婚，但不是百分之百地歌颂婚姻。我也是普通人，所以也了解婚姻生活的不便（尤其是考虑到韩国社会婚姻生活所引起的各种不平等）和缺点。所以对于不想结婚的人，我并不强求。世界上的确存在着各种各样的人、各种各样的人生，首先要遵循自己的价值观。

后记　虽然有过痛苦，也要尽情去爱

我喜欢写作。可以抓住瞬间浮现又消失的想法，而那些毫无头绪地在脑海中盘旋的想法，有时也会在写成文字的过程中变成珍贵的信息。最重要的是，独自写作的时间真的很美好。但这并非易事。尤其是写作时需要赤裸裸地直面自己，这是最为困难的地方。

写这本书的时候也是这样。每当看到那些曾经试图掩盖的东西，那些曾以为已经遗忘的记忆再次浮现时，我就会感到心如刀绞，几近窒息。这些文字像镜子一样映照着我。我是多么无知，多么不懂装懂，多么不成熟，多么胆小。这样去写作虽然痛苦，但我认为这是一个珍贵的过程。

我承认，我在那段时间给我爱的人和爱我的人带来很多伤害。我只想着自己的痛苦，只想着自己没有得到的东西，感到很伤心。我在自怜中生活了很长一段时间。其实，所有的一切都是因我而起，我当时为什么就不明白呢？

我曾因为自己是否可以写出一本关于爱情的书而彷徨苦恼，也曾有过毫无真情实感胡乱写一通的经历，还曾担心自己会因为后悔和内疚感而情绪崩溃。写作进度变得缓慢，情绪也变得萎靡。

虽然这是老生常谈，但支撑我坚持到底不放弃的，也是爱。那些仍然信任我的人，那些照顾我的人，那些我应该爱一辈子的人，给了我勇气。我发现，自己并不一定需要特别优秀才能写文章，只要像对朋友谈话那样写就可以了。在这个过程中，只要我得到了一丝成长，就算有所收获。因此，多亏了热爱的写作，我似乎又成长了不少。

我不仅想说"对不起"，还想说声"谢谢"，所以坚持写到了最后。我走到今天，得益于那些对我怀有希望的人，那些信任我的人，那些无条件喜欢我的人。那份爱，那份心，让我倍感珍惜和感激。

我也想对阅读本书的你说声"谢谢"，非常感谢你把这本并不伟大的书读到最后。只要这本书的某些段落能对你的生活有所帮助，我就知足了。

另外，希望你知道，除了我，还有其他你不认识的人在感谢你。或许你经常会缩手缩脚，自我怀疑——"我为什么是这个样子？""我真没本事。"但是，也有很多人因为你而获得了巨大的力量，因为你才跨过了悲伤的山头，踏着谷底站了起来。也一定有人在你难过的时候一起难过，真心希望你过得好。他们在悄悄地为你加油。

就像我们过去没有意识到自己的不成熟一样，你也有可能不记得某一种爱。所以，不要怀念过去的爱，也不要害怕即将到来的爱。你自始至终都是一样的可爱，人们用各自的方式爱着你，也等待着你去爱。

希望你能尽情去爱。珍惜身边的人，理解他们，帮助他们。要相信总有一天这份爱会回到你身边。就算不回来，也没关系。生活中，有的东西需要好好珍惜，有的东西最好化成灰烬。爱就是如此。

（全书完）

作者简介

尹洪均，韩国非常受欢迎的心理医生和作家，尹洪均精神健康医学院院长。毕业于韩国中央大学医学系，获博士学位。常在各大报纸、杂志、媒体发表文章，回答读者的问题，也参与过《大人怎么办》《改变世界的15分钟》等电视节目的录制，著有畅销书《自尊心课程》等。

译者简介

赵维平，毕业于韩国清州大学工商管理专业，获博士学位。现任浙江越秀外国语学院教授、韩语系主任，从事教学与翻译工作。

爱的刻意练习

作者 _ [韩]尹洪均　　译者 _ 赵维平

产品经理 _ 周喆　　装帧设计 _ 文薇　　内文设计 _ 何月婷　　产品总监 _ 阴牧云
技术编辑 _ 白咏明　　责任印制 _ 梁拥军　　出品人 _ 吴畏

营销团队 _ 果麦文化营销与品牌部

果麦
www.guomai.cc

以 微 小 的 力 量 推 动 文 明

图书在版编目（CIP）数据

爱的刻意练习 /（韩）尹洪均著；赵维平译 . -- 成
都：四川文艺出版社，2023.3
ISBN 978-7-5411-6582-5

Ⅰ.①爱… Ⅱ.①尹… ②赵… Ⅲ.①恋爱心理学—
通俗读物 Ⅳ.① C913.1-49

中国国家版本馆 CIP 数据核字（2023）第 020615 号

著作权合同登记号 图进字：21-2022-362 号

AI DE KEYI LIANXI

爱的刻意练习

〔韩〕尹洪均 著　　赵维平 译

出 品 人　谭清洁
责任编辑　陈雪媛
责任校对　段　敏
出版发行　四川文艺出版社（成都市锦江区三色路 238 号）
网　　址　www.scwys.com
电　　话　021-64386496（发行部）　028-86361781（编辑部）
印　　刷　河北鹏润印刷有限公司
成品尺寸　145mm×210mm
开　　本　32 开
印　　张　9.5
字　　数　170 千
版　　次　2023 年 3 月第一版
印　　次　2023 年 3 月第一次印刷
印　　数　1—9,000
书　　号　ISBN 978-7-5411-6582-5
定　　价　59.80 元